나의 옛길답사 일기 1

A diary on the old road 1

나의 옛길답사일기 1

초판 인쇄 2009년 9월 23일
초판 발행 2009년 10월 3일

지은이 | 양효성
펴낸이 | 박찬익
책임편집 | 이영희
교정교열 | 정연익

펴낸곳 | 도서출판 박이정
주소 | 서울시 동대문구 용두동 129-162
전화 | 02)922-1192~3
전송 | 02)928-4683
홈페이지 | www.pjbook.com
이메일 | pijbook@naver.com
온라인 | 국민 729-21-0137-159
등록 | 1991년 3월 12일 제1-1182호

ISBN 978-89-6292-056-7 세트
　　　978-89-6292-057-4 04910

나의 옛길 탐사 일기 1

A diary on the old road 1

글과 사진

양효성

도서
출판 박이정

옛길을 지켜준 여러분께 이 책을 바친다.

鄭琦鎬 (仁荷大學校 名譽敎授)

　19세기 말 이래의 서구(西歐) 따른 이른바 근대(近代)는 '우리'의 시공(時空)을 뒤집었다. 서울에서 부산간 450km 몇 백년 다닌 길 위에 신작로(新作路)가 생기고 그 옆에 철로(鐵路)가 깔리면서 가마 타고 말 타고 했던 한 달의 노정(路程)이 하루가 되고 급행으로 한나절이 되고 고속도로가 뚫려 그것이 반나절이 되더니, KTX로 다시 '한참' 2시간 반으로 줄었다. 조선삼남대로(朝鮮三南大路)며 영남대로(嶺南大路)가 사라지고 그 길과 더불어 있었던 살림살이가 요동을 쳐 골골이 역사(歷史)의 주름으로 잡혔다.

　평생 '우리' 생각과 행동의 원초, 흘러내려온 생활 양식(樣式)의 본 모습을 찾아 온 양효성(梁曉星) 동지가 서울에서 부산의 옛 영남대로 가운데 죽령을 넘는 '경사좌로(京師左路)'의 '주름'을 펴보는 역사적인 걸음을 걸으며 그것을 기록했다. 고도와 기압, 온도를 재는 시계와 만보기에 사진기와 대동여지도(大東輿地圖)

를 비롯한 고행정지도(古行政地圖), 현대도로지도 등을 갖추고 10월 11일 10시 서울 광화문의 도로원표를 출발, 새로 난 길 따라 옛길을 돌아보며 컴퓨터 있는 모텔에서 글 쓰며 옛 주막(酒幕)과 주막거리를 찾으며 60일을 걸었다.

영남대로는 군사 · 외교 · 교통 · 행정 등 그때의 중앙집권(中央集權) 국가를 유지하는 대동맥(大動脈)이었다. 주목군현(州牧郡縣)의 관아(官衙)가 그 길 위에 있었고 천리 길 30리마다 역(驛)이 있어 공리노비(公吏奴婢)가 말을 관리하며 공무(公務) 여행자들을 보살폈다. 자연히 나그네들 길도 되고 마부들이 모이고 주막이 생기고 주막거리가 이루어졌다. 서울 원표를 출발하여 첫 평구역(平丘驛)에서 시작 동래(東萊) 휴산역(休山驛)까지 경사좌로에는 31역이 있었던 것으로 되어 있다. 역과 역 사이 원(院)이 있었고 강(江)을 건널 때는 나루에서 배를 탔다.

시청, 군청, 면사무소, 초등학교 등 현대 공공기관이 자리한 근처에서 관아(官衙)의 흔적이 그나마 보인다 한다. 양동지(梁同志)는 가는 곳마다 시청 · 군청 · 면사무소의 홍보과, 관광과에서 많은 자료를 얻어 짐이 많아져 도중 몇 번 집으로 우송을 하는데 아마도 이런 자료들이 많아진 때문이기도 했을 것이다. 이것들을 정리하고 시 · 군 · 면의 직원들 밖에 교육청 직원, 교장, 학예연구관 등의 역사 지리 설명을 듣고, 촌로(村老), 주막집 아주머니, 택시기사, 다리 놓이기까지 선주(船主) 사공이었다는 많은 사람을 만나 전설(傳說)을 듣는다. '주막(酒幕)의 등불' 〈原題〉은 자동차 기차 이전의 마부 행상의 길, 모텔 이전의 주막거리, 다리 이전의 나루로 나라의 공문(公文)을 전달하고 사신(使臣)들이 오고 가고 물자를 수송하던 경사좌로의 모든 것을 재현하려 한다. 나아가 그 길을 오가는 사람들의 마음까지 살피려 한다.

충주 가금면에서 서울 떠난 이후, 처음 객사(客舍)를 본다. 관아에 딸린 공무원들의 숙사(宿舍)다. 궐(闕)자를 새긴 나무 패(牌)를 모시고 숙박(宿泊)하는 사람이 망궐례(望闕禮)를 올렸다는 객사에는 많은 글들도 남아 전했다 한다. "내가 처음 확인한 수산역"이란 기술(記述)도 보이는데 아마도 '역(驛)'의 자취를 처음 찾아냈다는 말이 아닌가 생각된다. 이렇게 두 달 옛길을 더듬어 12월 11일 동래 마지막 휴산역을 확인하고는 부산포(釜山浦)로 가서 일본(日本) 대마도(對馬島)까지 발길을 더하여 2박 후 12월 14일 돌아온다.

책머리 10월 10일 글에 "우리집에 있는 광해군(光海君) 시대 행정편람에 왜사를 맞이하던 이정(里程) 가운데 경사좌로(京師左路)" 각역(各驛)이 소개되어 있다. 이 행정편람에 대마도 표시는 없지만 왜사(倭使)가 출발한 곳이 대마도일 것이니 처음 출발 때부터 대마도까지 생각하고 있었는지도 모르겠다. 부산에서는 "서울에서 부산 가는 길은 결국 일본열도와 밀접한 관계가 있는 것"이라 하고 있다. 자세한 까닭을 밝히고 있지는 않으나 대마도와 조선의 관계를 생각하면 또한 뜻있는 마지막 노정(路程)이 아닐까 생각된다.

이 답사 기록 〈나의 옛길탐사일기〉는 답사 기록답게 거의 페이

지마다 사진이 실려 있다. 눈으로 보는 답사 기록이다. 그리고 장마다 꼭 〈대동여지도(大東輿地圖)〉와 〈여지도서(輿地圖書)〉 해당 부분이 실려 있다. 그 답사가 누구도 시도하지 않은 옛길 답사임을 확인하게 한다. 그러한 답사 기록인데 이 책이 단순한 기록이 아닌 것은 첫 페이지에서부터 나타난다. 이 기록이 "주막의 등불"이라는 본인의 시로 출발하는 것이다. 그러한 시는 정철(鄭澈)의 〈관동별곡(關東別曲)〉을 비롯하여 도처에 명인들의 한시(漢詩)와 현대시 그리고 향가까지 인용하고 있다. 〈동국여지승람(東國輿地勝覽)〉이 "전하(殿下)께서… 시(詩)와 문(文)을 넣으라 하시므로… 사신(詞臣)을 가려서… 사장(私藏)의 초고(草稿)까지 열람하여 나누어 넣었다.(徐居正序)"는데 신판(新版) 여지승람을 접하는 느낌이다. 접하는 사람들도 그저 평범한 사람들이 "이장님의 세월에는 고난과 그것을 삭힌 술처럼 말갛게 발효시킨 인간 본연의 심성이 수액처럼 흐르고 있었다"로 표현된다. 전문(全文)이 이렇게 서정적(抒情的)이다. 답사 기록문이기보다 예술작품이다. 옛날을 생각하는 그것부터가 예술(藝術)아닌가!

己丑年 末伏지나고 光復節 陶谷齋에서

이 책은 환갑의 노인이 서울에서 죽령을 넘어 부산까지 31개 조선시대 역을 걸어서 찾아가며 적은 일기다. 그 일기를 매일 친지들에게 이메일로 보냈는데 나름대로 CNN 흉내를 내보려고 한 것이다.

영장류(靈長類)라는 말은 직립보행(直立步行)을 연상시킨다. 인간은 똑바로 서서 걷는 유일한 짐승이다. 걸어서 수렵하고 채취하며 경제활동을 시작했다가 농경생활을 하면서 집안에 주저앉게 되었지만 장사를 하면서 여전히 걷기를 반복했다.

바퀴가 발명되고 그 바퀴가 레일 위에 올려진 것은 1814년 조지 스티븐슨의 공로이니 겨우 200년. 수레에 엔진을 올린 것은 100년 남짓이다. 그 짧은 시간에 사람들은 걷기를 잊어버렸고 20년 동안 차를 몬 나는 많은 곳을 보았지만 그만큼 배가 나와 오목렌즈였던 체형은 볼록렌즈가 되어 호흡이 곤란할 지경에 이르렀다.

학교를 그만두고 집으로 돌아오자 내 자리매김이 모호해졌다. 할아버지이기엔 억울하고 아저씨도 어색했다. 어떻게 해서든 나를 다시 찾아야 했고 그러기 위해 한번 걸어서 여행을 해보기로 했다.

30년 전 골동품점에서 광해군 시대의 필사본(나는 이를 두고 행정편람이라고 한다) 한 권을 샀는데, 거기 일본 사신이 서울로 가는 세 갈래의 길이 적혀 있었다. 추풍령, 조령, 죽령의 이 옛길은 오래 뇌리에 박혀 있었다. 가능하면 내가 안 가보고 제일 먼 길로 부산까지 걸어가기로 했다. 400년 전에 기차도 버스도 없던 시절의 역원을 찾아서 보부상처럼 걷다보면 무엇인가 모르고 살아온 내 다른 면을 찾을 수 있을 것 같았다. 우선 만보기를 꿰차고 집 앞의 동산을 오르기 시작했다. 그 산길에서 많은 사람을 만나고 그들의 인상을 일기에 적으며 가쁜 호흡을 다스리기를 한 달! 그 사이에 배낭에 옷가지와 카메라를 꾸리고 풀기를 반복했다.

시니피에를 시니피앙으로 가르치는 학교생활 가운데 가장 후회스러운 것은 오직 의미를 기호로 가르치며 그 대상의 본질에 접근해보지 못한 것이었다. 수박 겉핥기랄까? 관념적이랄까? 이번 걸음이 나의 오관과 시니피에가 직접 교감하는 그런 기회가 되었으면 했다. 여기엔 마치 처녀가 처음 옷을 벗는 두려움 비슷한 것이 있었다.

이런저런 생각으로 밤잠을 설치곤 했다. 서울에서 죽령을 넘어 부산까지 가는 길은 대략 천리가 넘을 것이다. 직선으로 간다면 한 달이면 넉넉하다. 말을 타고 가던 조선시대에는 보름이면 가능했을 것이다. 이틀 걷고 하루 쉬면 석달이면 되겠지! 길가에는 절도 있고 국보도 있고 토속 음식도 있고 또 낯선 사람들도 만나겠지?

몇 가지 기행문과 동국여지승람 등 관계서적을 훑어보고, 한자로 적힌 광해군 때의 경로를 수없이 외우고 지도에 표시하곤 했다.

平丘驛-奉安驛-陽根郡-驪州牧-安平驛-嘉興驛-忠州牧-黃江驛-壽山驛-丹陽郡-豊基郡-榮川郡-平恩驛-瓮泉驛-安東府-雲山驛-義城驛-靑路驛-義興縣-新寧縣-永川郡-阿火驛-牟梁驛-慶州府-朝驛-仇於驛-蔚山郡-肝谷驛-阿月驛-蘇山驛-釜山浦.

이런 주문을 외우며 어질러진 주변의 잡된 일들을 정리하던 어느 날….

2009년 3월 30일
오동꽃 봉오리가 맺히는
북경 지질대 숙소에서

주막의 등불

구멍 뚫린 지붕으로
산새 날아드는
불 꺼진 주막

어느 해어름에
길손의 그림자
추녀에 닿고

마루턱 성황나무
밤바람을 운다.

세월이여!
누구를 여기 머물렀다 떠나게 했는가?

한 잔 술로 얼룩진 벽지 바람에 뜯겨지고
깨진 술동이 뒹구는 주막에서

밤바람 가는 길따라
그림자 없는 내가 간다.

| 차 례

| 옛 길 과 나 의 길

■ 왜사의 상경로(조선전기)

〈최영준, 영남대로, p137 참조〉

· 이 책은 서울로 가는 세 개의 길 가운데 오른쪽길인 죽령을 걸은 기록이다.

■ 나의 탐사로(2005) – 죽령대로 31역

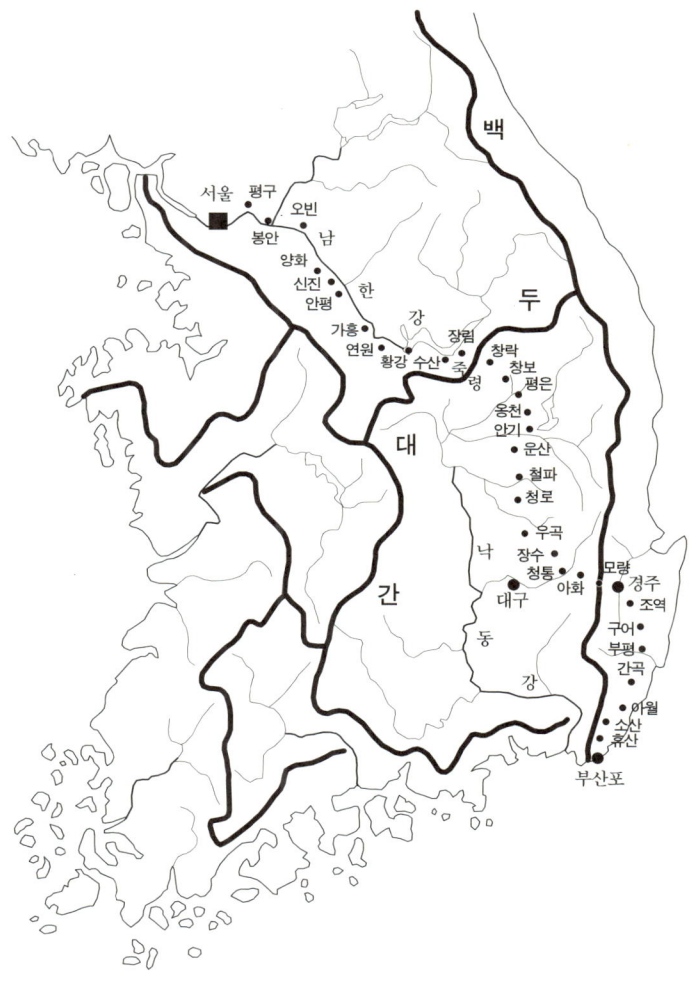

제1부

남한강

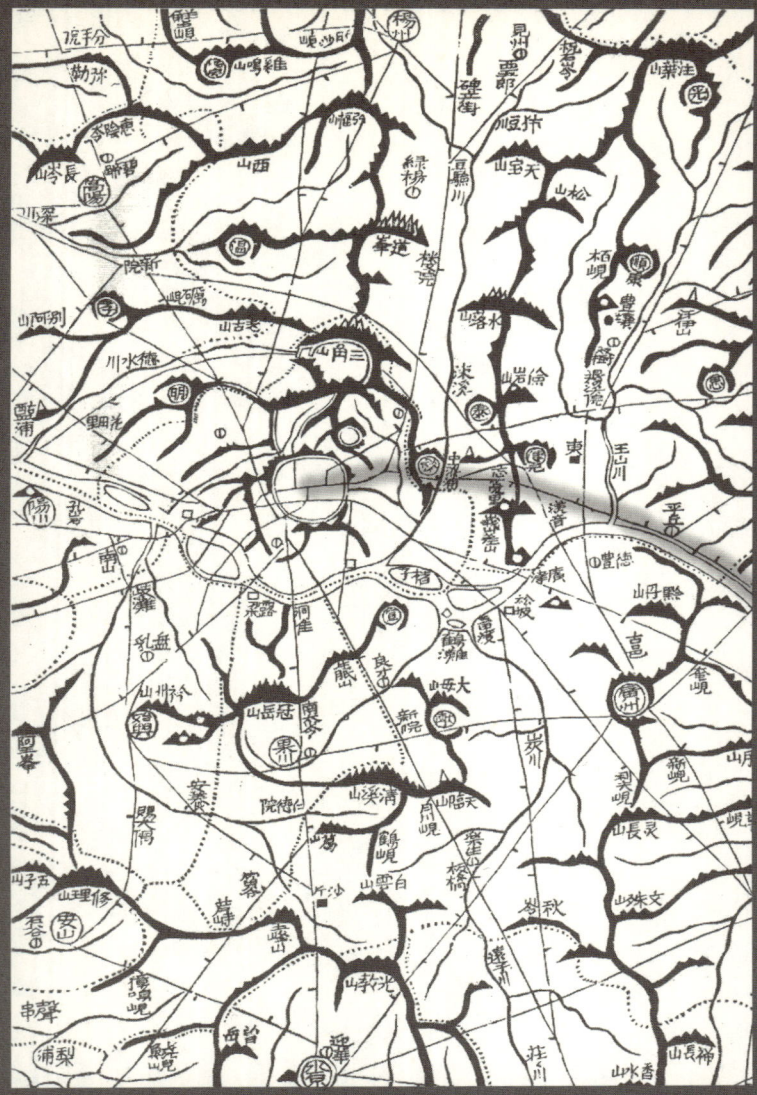

서울에서 오른쪽으로 중랑포(中浪浦) 지나 망우리(忘憂里) 다음에 평구(平丘)가 보인다.

01 도로원표에서 평구역으로

출발 첫째 날 [2005년 10월 11일 화요일]

새벽에 부랴부랴 짐을 꾸렸다. 아내는 이미 출근했고 MBC에서
는 노후문제가 화제다. 이 방 저 방 둘러보며 자꾸 머뭇거린다.
직장에 나가는 것과 길에 나서는 것 가운데 어떤 것이 더 행복할
까? 졸음이 오는데 전철에서 자야겠다. 손목시계의 기압은
1020mb, 기온은 27.6℃. 7시 44분 인천 집을 나서 8시 35분 동
암에서 전철을 탄다. 동암역에서 50m의 고도가 부평에서 갑자
기 65m로 오른다.

도로원표의 솟대 : 서울시청역에 내려 조선일보 옆 원점소공원에
서니 10시 정각! 더없이 청명한 가을 날씨다. 동남쪽으로 내가
걸을 안동, 대구, 울산, 충주 등의 표석이 부산까지 일렬로 늘어
서 있다. 나는 그 중앙에 가만히 솟대를 세워본다. 그리고 거기
철새가 내려앉는 것을 상상한다. 새가 거기 앉으면 언 땅이 풀리
고 밭을 갈아 엎는 그런 시절을. 새의 비상은 어찌 길조가 아니었

겠는가! 부산까지는 대략 450km. 지그재그로 가면 한참 더 걸릴 것이다.

다행히 종로는 모두 지하도와 함께 교차로도 이용할 수 있다. 이순신 동상 앞에서 광화문을 바라보며 한 장 찍어 본다. 그 광화문은 멀리서 초라해 보이고 오히려 청와대의 청기와가 더 선명하다. 왼쪽에 종합청사와 세종문화회관, 오른쪽에 미국대사관과 교보빌딩. 그 자리에 육조(六曹)와 장예원(掌隷院), 사헌부(司憲府), 의정부(議政府)가 있었고 이름은 육조거리였다. 나는 그 이름이 지금도 옳다고 생각한다. 지금 이 거리는 세종로다. 세종대왕이 훌륭한 것은 누구나 아는 일이지만 지나친 영웅주의는 후손을 바보로 만들거나, 영웅이 덜 위대했을 때 백성이 모두 불행해지는 위험을 안게 된다. 우리 모두 조금씩 나누어 영웅이 될 필요가 있다. 나는 광화문을 가리는 분리대의 가로수를 길가로 옮기고 잔디밭에 그 육조거리의 소형모형을 만들고 이순신 동상의 대좌를 헐어 장군이 좀 낮게 임하셨으면 한다.

지금 서울이 수도라지만 과천의 재경원, 강남의 대법원, 강북의 헌법재판소, 여의도의 국회, 대전의 특허청과 계룡대의 국방부 등 모든 부서가 흩어져있다. 또 각료들은 대부분 강남에 살 테지! 그들이 서울 시내를 헤매며 자동차에서 보내는 시간은 또 얼마일까? 도청기술이 더 발달해야 화상회의로 시간의 낭비를 줄일 수 있지 않을까? 워싱턴과 쿠알라룸푸르 푸트라자야의 도시계획이 부럽다. 진짜 도로원표는 교보의 모퉁이 비각 옆에 목침만하게 놓여있다. 내가 착각을 했었나? 그 비각엔 순종이 그 아버지 고종의 육순을 기념한 비석이 모셔져 있다. 비액(碑額)은 '大韓帝國大皇

조선시대 관료들의 통행이 빈번하던 종로에서 행렬이 지나갈 때까지 허리를 굽히고 머리를 조아리는 일이 번거로운 서민들이 마차 한 대가 지날 정도의 골목을 이용한 데에서 '마차를 피한다'는 '피맛골'이라는 이름이 붙었다. 목로주점, 모주집, 장국밥집이 이어진 이 거리야말로 정도 600년의 모습이 남은 유일한 곳이라 할 것이다. 열차집은 1950년대부터 이 나라 정치인들이 드나들던 곳으로 한때 이름이 있었다.

2005년 10월 11일 오전 10시 31분

帝實齡望六旬御極四十年稱慶記念頌 이라니 시쳇말로 일종의 '충성서약비' 라고나 할까?

교보를 지나 피맛골에 들어서자(마차가 아니라 자동차를 잠시 피해보려고) 삼치를 굽는 냄새가 진동한다. 열차집은 그대로인데 골목을 나서니 그 복작거리던 낙지골목, 해장국집이 온데 간데 없다. 음악감상실 르네상스, 원서를 팔던 범한서적, 정말 맛있던 독일빵집, 길 건너 장안당구장, 박두진 · 양명문이 즐겨 다니던 양지다방은 모두 없어지고 한일관만 남아있다. 신신과 화신백화점 자리에는 모두 새 빌딩이 들어섰고 그 자리에 조선시대 검찰청〔의금부〕이 있었다는 비석이 있다.

종각(鐘閣) : 종로2가는 단연 종각이 주제다. 장안의 종루(鐘樓)와 북경의 고루(鼓樓)를 생각해본다. 뮌헨 시청의 시계탑도 떠올려 본다. 심훈의 시도 생각해본다. 아무래도 정오에 종각의 종이 울렸으면 한다. 그 뒤로 주단 집들이 보이고, YMCA 지나 인사동에 어머니와 대학생이던 지금의 아내와 '지붕 위의 바이올린' 을 보았던 낙원극장 옆 파고다 공원에는 노인들이 해바라기를 하고 있다. 국보 제2호인 석탑은 유리장 안에 갇혀있는데, 백제의 전(塼)을 모자이크로 쌓아올린 느낌이다. 원각사비는 45년간 여섯 왕을 섬긴 서거정이 썼다는데 조선 초의 '숭유억불(崇儒抑佛)' 이 무색하다.

종로 3가! 창덕궁에 임금이 있을 때는 돈화문에서 내려다보이는 단성사가 당연히 중심가였다. 여기 개울이 흐르고 파자교가 있

유리장에 갇힌 국보 제2호. 대리석으로 지은 10층, 12m의 이 기와집은 당시 한양의
초고층 빌딩이었다. 1층에는 용·사자·모란·연화문과 2층에는 불가의 식구들과
조수(鳥獸)·초목·궁실(宮室), 3층에는 나한과 신선들을 새겨 넣었는데 한 장씩 떼
어놓고 보면 백제의 전돌을 연상케 한다. 이 조각을 섬세하게 찍은 사진집이 있다면
한 권 사고 싶다.

2005년 10월 11일 오전 10시 47분

었다는데 알 만한 사람은 아무도 없다. 1780년대 지도에는 돈화문에서 파자교를 거쳐 동대문까지 약 1,400보라고 적혀있다. 이 극장에서 '바람과 함께 사라지다'가 장사진을 이루었고 '십계'와 '스팔타카스'를 보았다.

종묘〔유네스코 세계문화유산〕를 지난다. 언젠가 조선 27왕 가운데 장자 상속을 한 경우가 얼마나 되느냐는 퀴즈를 한 일이 생각난다. 2대부터 어긋났으니 말할 것은 없지만 겨우 문종과 단종의 양대(兩代)에 그쳤는데 그조차 말로는 비참했다. 지하철을 파며 드러난 해시계의 자리를 보며 시간의 흐름을 생각해본다.

종로 4가의 시장들은 의연하다. 두산그룹이 탄생된 땅을 지나 보령약국의 간판이 보인다. 이제 동대문이 보이는데 오토바이가 눈에 띄게 늘어난다. 그 성벽에 동대문보다 높게 올라선 교회는 1894년 설립인가? 이 해는 동학군이 일어났고 이어 청일전쟁이 벌어져 일본의 마수가 이 땅에 뻗친 해였다. 만약 월가에 이슬람 사원을 세웠다면 증권가의 유태인들은 어떤 표정을 지었을까?

동묘 : 고물시장 황학동 어귀 동묘에 들러 잠시 쉬기로 하는데 장기에 열중하는 노인들이 보인다.

　1시!
　시간은 멈춰 있다.
　누군가 바둑알을 놓으면 1초!
　또 누군가 말을 옮기면

1 초!
비로소
초침이 움직인다.

어디서 한 판이 끝났는지 왁자하다가 바로 정적! 나는 저승을
느끼며 북경의 나른한 오후를 연상한다. 여기 비하면 '소설가 구
보씨의 하루'는 매우 부산하다. 정원 앞의 향나무와 길솟은 모란
은 봄이면 매우 아름다울 것이다. 전실과 본실을 겹치고 회랑을
두른 그 건물의 배치가 재미있다.

관왕묘의 관왕 좌우에 '이 땅이 한(漢)나라의 영토였다는….'
괴이한 주련이 있는데, '此地故漢家郡國提封無羔千季靈氣好風
雲 하고 작은 글자로 頭品頂戴記名□□□(잘 안보이고)□□□朱
光□□題, 그 좌측에 生平好左氏春秋□□□□六月□□討王□□
師命. 그리고 편액에 대서(大書)하여 '浩然正氣'라 하고 광서원
년(1875) '歲次癸□季秋月'이라 되어 있다.

19세기 말의 아시아의 정세를 생각하며 다시 걷는다. 신설동을
지나 순찰중인 경찰에게 물어 '반달집'에서 북어찜(4천원)으로
점심.

"여기가 어디지요!(질문이 잘못되었다)"
"북에서 오셨어요? 여기가 어딘지도 모르시게!"

애교지 밉지는 않다. 세상 참 많이 변했는데 서울사대가 건너편
이란다. 성동역사는 청량리와 통합되고 거기 빌딩이 서고 겨우 개

천이 복개를 면하고 모습을 드러내는데 한쪽은 수양버들 한쪽은
게딱지처럼 낮은 지붕이 즐비하다.

선농단 : 길 건너 선농단은 문이 닫혀있는데 제단이 정남향에 사
방 8m. 발로는 10보이니 1만보를 걸으면 대략 8km 되지 않을
까? 여기까지 1만 6천 걸음을 걸었으니 대략 12km쯤 될라나! 아
무튼 향나무가 드문드문 심어진 이 제단을 천단(天壇)에 비겨보
며 한참 쉬었다. 500년 된 천연기념물 향나무가 볼만하다. 천연기
념의 나무들을 보면 그나마 역사의 위안을 얻는다. 그들은 나이테
와 그늘로 확실한 역사를 갖고 있다.

경동시장의 한약냄새에 젖어 걷다가 황량한 청량리역 광장에서
1930년대 김주경의 그림을 떠올려 본다. 아직 가을 햇살은 밝다.
'그날 피로는 그날 풀어라! 나이는 육십인데 마음이 사십이어서
화(禍)를 부른다. 먼 길을 가려거든 매일 목욕을 하라.' 는 친구의
말이 귀를 간지럽게 한다. 오늘 청량리가 목표였는데 좀 곤하기도
하다. 미주아파트 상가목욕탕에 몸을 담그고 생전 처음으로 옥침
대에서 한 시간을 푹 잤다.

깨어보니 오후 6시 아직 가을 햇살이 밝다. 한 걸음이라도 앞으
로! 다시 걸어 7시 반에 반달을 머리에 이고 헤드라이트로 휘황한
중랑교를 지난다. 이제 9시가 되어 가는데 해발고도는 도로원점
에서 55~60m를 유지하다가 동대문을 지나면서 35~40m 그리고
지금 중랑교를 지나 45m에 머물러 있는데 이 시계를 다룰 줄 모
르니 믿음이 안 간다.

첫째 날 저녁 : 밤 10시 55분 망우리를 코 앞에 두고 상봉동 PC방에서 첫 번째 메일을 친구들에게 보냈다. PC방을 나와 '이리순대국밥집'에서 소머리국밥을 먹었다. 중랑교 너머 신도시 상봉동이니 대를 이은 집이 있을 리 없다. 그래도 21년째 이 집을 운영하는 아주머니는 부안 사람으로 고기는 누린내 없이 깔끔하다. 맥주 한 병에 KBS의 '건강걷기'를 보면서 나른하게 저녁을 먹고, 여관을 세 군데 들러 은성여인숙에서 1만 5천원, 1만2천원 하다가 1만원에 자기로 한다. 가정집을 개조한 모양인데 대문 옆 블록담장과 추녀를 슬레이트로 덮어 카운터, 세면실, 화장실을 짓고 방을 만들고 수세식 변기까지는 좋았는데 어디에도 창문은 없다. 감옥독방을 연상하면 그대로다. 팔을 벌리면 벽에 닿고 발을 뻗으면 변소문에 닿는다. TV도 있고 선풍기도 있다. 암모니아 냄새 때문에 그 선풍기를 틀어놓고 MBC의 '몽골의 한국인'을 보다가 잠이 들었다.

둘째 날 새벽 〔10월 12일 수요일〕

새벽 3시 40분! 모기에 물려 잠이 깼다. 들일에 지친 머슴은 모기가 물어도 아랑곳하지 않지만 신경이 예민한 선비는 모기와 더불어 글을 읽으며 밤을 밝힌다. 그래서 모기〔蚊〕에 '文'자가 들어있는 것일까? 선풍기를 틀고 변소냄새와 모기를 함께 쫓고 나서 '물린디'를 바른다. 한숨을 쉬다가 양치질을 하고 나니 잠이 달아난다. 짐을 꾸리고 졸음에 찌든 주인의 인사를 뒤로 하고 길에 나선다.

새벽 4시의 상봉동은 벌써 깨어 있다. 취객들이 대리운전을 부르고 등산복 차림의 중년과 가방을 든 학생은 중앙분리대의 정류장에 옹기종기 모여 있다. 24시 마트의 불은 밝다. 음료수(?)를 사들고 길을 걷는다. 오르막이 시작된다. 인도가 있어 걷기에 편하다.

서울 안녕! 경기도 입구 : 고개는 부드러운 곡선을 그리며 왼편으로 돌아드는데 망우리의 영혼들도 모두 잠들었는지 고즈넉하다. 땀이 배어나고 드디어 고갯마루에 올라서자 해태가 깨어 있다. '안녕 서울' 싱겁게 서울을 벗어난다. '환영합니다. 여기서부터 경기도 구리시입니다.' 호돌이 동상이 나를 손짓한다. 집을 나설 때 과연 동대문까지 걸을 수 있을지, 서울을 벗어날 수 있을지, 청량리역에서 전철을 타고 돌아오는 꿈을 꾸곤 했었는데….

망우리의 영혼들이 산책할 만한 컴컴한 정류장 벤치에서 이마의 땀을 닦는다. 동그마니 곁에 앉은 할머니! 가출했을까? 아니면 아들네에 가는 것일까?

"일찍 출타하시네요?"
"일 가는 길이요. 파 뽑으러."
"정정하시네요! 올해?"
"일흔 다섯이요!"

이제는 내리막길인데 땀이 식자 새벽 한기로 오싹하다. 조석은 아침과 저녁의 밀물과 썰물인데 아침저녁 갯가에 물이 들고나면서 파도가 바람을 만드는 것이냐, 바람이 물결을 만드는 것이냐!

단군시절의 우사(雨師) · 운사(雲師) · 풍백(風伯), 비 · 구름 · 바람의 신은 해와 달을 도와 밤낮을 만들었고, 지금은 깨어있는 사람들이 등불 아래서 태양을 만든다.

내리막의 비탈은 온통 영산홍의 바다다. 봄날에는 아침 햇살에 불바다를 이룰 것이다. 진달래의 투명한 빛에는 미치지 못하겠지만 화단의 중앙에 분수를 설치하고 벽화를 장식한 타일은 중국제품이다. 1만 4천불 GDP의 대한민국. 좀 한국적인 꽃과 거리풍경은 없을까? 길 건너편은 정류장 이름대로 '딸기원'. 한양대 병원이 웅자를 드러내고 도시는 빌딩의 숲이다. 상봉동에 이어 한 번더 놀란다. 도대체 얼마나 많은 직업들이 이 많은 사람을 먹여 살리는 것일까?

6시! 거의 두 시간을 걸었다. 희미하게 구리시 번화가의 윤곽이 드러나고 자전거를 타는 사람, 산행하는 사람, 출근하는 사람들이 눈에 띄게 늘었다. '아침을 먹을까? 아니면?' 하다가 맥반석 사우나에 들어가 세 시간을 자고 샤워를 했다. 수면실은 뮌헨 부근의 다카우 나치 수용소의 침상 그대로다. 상하 32석의 침상은 2층에 올라갈 때 말발굽 같은 고리를 밟고 침상을 잡은 뒤 말등에 오르듯 휙 몸을 날려야 한다. 사내들이 뿜어내는 열기는 산소를 공급해야 할 정도로 격렬하다. 아침 9시, 출발할 때 71kg으로 몸이 무거웠는데 69.5kg. 가뿐하다.

옷을 갈아입으며 만난 청년에게

"서울시청까지 얼마나 걸립니까?"

"제 직장이 서대문인데 안 막히면 20분이죠. 12km예요."

둘째 날 오전 : 오늘의 주제는 평구역터를 찾는 것이다.

여지도서(輿地圖書) 상 40쪽에 평구역은 이렇게 소개되어 있다. 금촌면에서 동쪽으로 70리 떨어져 있고, 관동직로의 첫 참이다. 이 역에 관우(館宇)가 있고 말 9필, 관리 24명, 남자노비 44명, 여자노비 9명이 속하여 있다.

관동별곡의 이른바 '평구역 말을 갈아 흑수로 돌아드니'의 그 평구다. 우선 구리시의 문화관광과에 들른다. 시청은 아차산을 등에 지고 이문안 저수지를 안고 있는 명당이다. 지도를 얻고 아차산 부근의 고구려 유적, 고등학교 국어교과서에 실린 '용소며느리바위' 전설의 원형이 이곳 '장자못'이라는 이야기를 듣고, '구리의 역사와 문화'라는 책을 받았지만 '옛길'에 대한 정보는 없었다. 18세기에 1,588명이던 인구는 1963년 1만명, 시로 승격된 1986에는 9만2천명, 1993년 12만 3천명으로 약 80배로 불어났다. 북경은 경기도보다 조금 크지만 통제를 통해 그런 대로 도시의 틀을 유지하고 있는데, 경기도와 서울에 전국 인구의 절반이 살고 있다는 것은 분명 문제가 있다.

길에서 벗어난 만큼만 버스를 이용해 번화가 경춘로의 '돌다리 네거리'로 돌아왔다. 육교에 올라보면 마트와 상가, 아파트, 빌딩의 숲이다. 돌다리는 도도로끼 히로시(아웃도어라이프: 레저잡지. 이 잡지에 옛길지도가 있었다)의 관동대로 답사지도의 포인트인데 아쉽게 그 지도를 잃어버렸다.

"돌다리가 어디 있었습니까?"

아침은 걸렀고 여러 사람에게 물어보다 지친 끝에 만난 택시 기사!

"우리가 서 있는 이 주차장은 연근밭이었어요. 저기 냇물이 흘렀는데 경춘로의 그 인도는 복개되었고 바로 저기(10미터 앞을 가리키며) 시장통으로 요만하게(양팔을 벌려 한길 정도) 돌이 놓여 있었지요."

그 자리에 가서 장기를 두는 두 노인에게 똑같은 질문을 한다.

"그래 바로 이 자리요!"

"아니야! 이 사람은 30년 전의 이야기를 알고 나는 사십년 전을 아는데 그 돌다리는 경춘국도의 왕숙천(王宿川-태조 이성계가 도읍을 정하려고 순시할 때 하룻밤 묵었다고 해서)에 관을 포개놓은 것 같은 다듬은 돌로 만든 다리를 말하는 거여! 저 다리 자리에 꼭 금곡능의 그 다리처럼."

"그 돌다리 석재는 아름다웠을 텐데. 어떻게 했나요?"

영화 '동승'의 아름다운 선암사 홍교말고도 지난 번 강경과 옥천에서 돌다리의 친근함에 새삼 반한 바 있어 침을 꼴깍 삼켰다. 새로 만드는 공원에 그 다리가 놓인다면 할아버지와 아이들이 얼마나 좋아할까?

"그때는 먹고 살기 어려워 그런 생각할 짬이나 있었나? 다 때려 부숴 여기저기 실어갔지."

이러구러 시간만 흘러갔다.

"그러지 말고 문화원에 가서 원장님을 만나보세요."

나도 그럴 참이었다. 무거워진 배낭을 지고 한 손에 자료를 들고 또 카메라를 덜렁거리며 전화국 뒤의 문화원을 찾았다. 이 깔끔한 도시에 우중충한 2층 건물은 매우 스산해 보였다. 문화원 원장은 다른 곳(농수산물센터 부근)에 사무실을 따로 차리고 있고 대신 사진작가 한 분을 소개 받았다. 김웅주 옹. 80대 사진작가로 옛 사진을 소장하고 계실 것이라 했다. 빛바랜 사진! 그것은 바래진 만큼 가치가 있다. 보훈회관에서 영정사진을 찍고 있는 노옹은 오후 4시가 지나야 일이 끝난다고 했다. 나는 석양과 사진 사이에서 갈등하다 결국 시장통 돌다리 골목으로 되돌아 왔다. 그 사람들은 다시 구수회의를 하다가,

"아 그러니까 이분이 찾는 길은 도농 춘천길이 아니고 가운동, 일패 이패 삼패리 가는 길이로구만."

함씨가 차를 몰고 그 길을 가르쳐 준 뒤 함께 돌아와 다시 걸으면 어떻겠느냐고 한다.

염치가 없어 사양하고 시장통에서 점심을 때우고, 그냥 걷기로 한다. 거리의 간판들은 신도시의 면모 그대로 새로운 이름들이다. 텔레콤-○○헤어-○○수퍼…. 가게는 육의전(六矣廛)에서 보듯이 전방이었는데, 수퍼에 새마을을 붙인 새마을수퍼가 유행하다가 이제 ○○마트의 시대가 되었다. 그러니 시장에는 재개발처럼 '재래'라는 쇠고랑같은 접두사를 덮어쓰게 되었다.

이곳은 시멘트 칸막이에 페인트를 하고 유리창을 붙인 신도시와 난장(亂場)에 물건을 늘어놓은 신구대비가 뚜렷했다. 동대문을 지나면서 이런 시대의 풍경 속을 나는 걷고 있다. 구슬땀의 반은 가을이 말려주고 나머지 반은 수건으로 훔치면서.

검배길을 따라 수택동을 지나면서 말끔한 아파트가 하늘을 가리고 있다. 왕숙천을 가로지르며 새로 건설한 토평교는 장마에 물이 넘치던 왕년의 다리를 굽어보며 반공에 솟아있다. 강변에는 운동장 버스를 개조한 카페, 자전거를 타는 사람들, 모두 한가로운

정경이다. 잠시 쉬었는데 여기서 바라보이는 인수봉은 너무 신기했다.

인도를 따라 다리를 건너면 남양주의 표지판이 선명하다. 오른쪽은 남양주 왼쪽은 구리시인데 옛길인가 싶어 강가의 샛길로 잘못 들어 되돌아 오는데 100보가 100리 같다.

가운부동산 표지판의 '가운'이라는 지명이 반갑다. 옳거니! 건널목을 지나 그 소로를 직진하니 노인이 추녀 밑에 해바라기를 하고 있다. 96세 노인! 노치(老齒)는 없다. 교문리까지 버스를 타고 다녀오셨다며, 자꾸 얘기를 하자는데 몇 마디 나누고 아쉽게 돌아섰다. 그 길에 난데없는 선정비 하나! 行牧使鄭侯祖榮愛民善政碑(정조영 후손 되는 분은 이곳을 잘 알 것이다). 그리고 고가(古家) 한 채! 그러더니 조운경로당을 지나 공장지대에서 개울이 막다가 갑자기 발전소가 나타난다. 다시 덕소가는 큰 길〔6번국도〕로 올라섰다. 굉음(轟音)을 내고 분진(粉塵)을 날리는 차들이 일으키는 바람에 휘청거리며 바라보니 눈부신 하늘과 새파란 가을강! 저 멀리 아파트 숲이 그림 같은데 그 강변에서 오늘밤을 지낼 줄은 몰랐다.

겨우 하루를 걸었는데 길에 나서니 교실과 달리 말이 통하지 않는다. 걷다보면 길에서 사람을 만날 수 없고, 길을 물으면 남녀노소 모두 버스노선을 대준다. 생각이 다르고 가는 길이 다르니 당연한 것인지….

재난훈련을 하던 한전 직원이 거들어주어 샛길을 직진하니 정자 삼거리에 '한강시민공원-삼패지구'라는 표지판이 뚜렷하다.

이제 그 이정표가 오늘의 평구역을 찾는 코드다. 6번 도로는 왼쪽으로 남양주시청 오른쪽으로 팔당을 손짓하고 있다.

구한말에 기녀(妓女)의 수가 폭증하면서 일패(一牌)는 기생(妓生), 이패(二牌)는 은근자(殷勤者), 삼패(三牌)는 탑앙모리(搭仰謀利)로 등급을 매겼던가보다. 은근자란 남들 몰래 매춘을 하는 부류, 탑앙모리는 타박머리(?) 타박네(?) 쯤 되는 매춘을 본업으로 하는 부류였다면 이 동네를 삼패라 한 것도 역마을과 연관이 있는지…. 퇴촌이 퇴기촌의 준말이라면 조선시대 한양을 에둘러 기생의 집단 마을이 있었을까?

아무튼 우회전하자마자 중앙선 철로를 바라보는 주유소가 눈에 띈다. 아마 S-Oil이었던 같다. 지칠 대로 지쳤다. 물을 한 잔 얻어 마시고 – 〈변화 하나!〉 나는 산에 갈 때나 여행할 때 그렇게 고생을 하면서도 번번이 물을 빠뜨린다. 그리고 이날부터 물을 꼭 챙기게 되었다.

길 건너를 바라보니 대로변에 '平邱 淸風金氏瑩苑' 이라는 비석이 번듯하다. 역 이름은 '평구(平丘)'로 되어 있지만 '丘'와 '邱'는 서로 통하니 '평구'가 틀림없다.

김육 선생 신도비 : 허겁지겁 길을 건넜다. 건널목에서 한자이름표를 단 광산 김씨 중학생!

"여기는 청풍 김씨 마을이에요. 김육 선생 신도비도 있고 모두 청풍 김씨. 광산 김씨는 유명한 분이 없나요?"

"왜! 많지! 인터넷에서 찾아보렴. 사람은 누구나 훌륭하단다."

김육 선생 신도비. '경진년 6월에 평구역 근처 금촌리 동북(艮坐)의 언덕에 장례를 지냈다.' 는 구절을 역 추적하면 사라진 평구역의 정확한 자리를 알 수 있을 것이다.

2005년 10월 12일 오후 4시 17분

과연 박세당이 지은 김육 선생의 비는 귀부와 대석이 볼만했다. 그 비와 나란히 할아버지 김식 선생의 비도 있는데 요약하면 이렇다.

김식(1482~1520)은 신라 왕자의 후예로 대대로 청풍에 뿌리를 내리고 학문을 닦다가 공무원이 된 뒤 조선을 물리친 공신들의 기득권에 대항해 조광조 등과 민생에 관심을 돌렸다. 권력이라는 것이 늘 그렇듯이 개혁에 가담한 이 올곧은 선비는 두 번의 사화를 거치면서 유배지에서 자결하는 것으로 일생을 마감한다. 두 대를 걸러 그 피를 이어 받은 손자 김육(金堉, 1580~1658)은 삼학사의 한 분인 김상헌에게 배운 뒤 실학의 원조가 되었다. 그는 명청의 교체기에 세 번 북경에 다녀오고 소현세자가 심양에 끌려갈 때도 수행했다. 대동법을 실시하고, 상평통보를 주조하여 화폐경제의 틀을 세우고, 수레와 수차를 실용화하고, 1653년에는 시헌력(時憲曆)을 실시했다. 구황촬요(救荒撮要)와 벽온방의 편찬에도 나서 유형원(柳馨遠)에게 영향을 미쳤다. 그 아들이 공조, 예조, 호조, 병조판서를 역임한 김좌명(1616~1671)인데 그가 고조부인 김식의 신도비에 글씨를 남겼다.

'경진년 6월에 양주 평구역 근처 금촌리 동북〔艮坐〕의 언덕에 장례를 지냈다.'는 구절이 있는데 이 구절로 이곳이 사라진 평구역일 것이라고 상상할 뿐이다. 1640년 조선팔도고금총람도(朝鮮八道古今總攬圖)에도 김육의 묘는 엉성하게 표기되어 있다.

평구마을 회관에서 바라본 마을 풍경. 우물이 기억에 남는다.

희미한 평구역[1] : 6번 도로가 확장되기 전에 이 아늑한 분지는 한 강을 내려다보며 수륙의 산물과 유통의 덕으로 윤택했을 것이다.

어느 웹사이트(http://www.etimes.net)에 이런 글이 있다. 김 정호의 평해로는 서울-망우리현(망우리고개)-왕산탄-평구역-봉안역(남양주시 와부읍 능내리)-고랑진-이수두리(양평 양수리, 두물머리)로 이어진다. 우종성(71) 씨는 춘천에서 마석우리로 모인 소와 원주에서 양평 무드리나루를 건넌 소가 평구역에 모여 하룻밤을 지낸 뒤 다음날 새벽 3~4시경에 숭인동(동대문) 우시장으로 출발했는데, 소들로 마을이 뒤덮이고 채꾼들과 길손을 위한 마방과 주막이 번창했으며 현재 중앙선 너머 남양주 한강공원에는 평구장이 크게 열렸다고 한다.

마을회관 앞에는 샘물이 넘쳐 흐르고 마을은 아늑했다. 그런데 그 뒷산을 허물고 춘천으로 달리는 고속화도로가 건설중이었다. 즉 토평교에서 직진한 정자 삼거리를 꿰뚫어 사거리를 만드는 것이다.

여기 관우(館宇)가 있었다면 기왓장이라도 나올 텐데 아무도 모른다. 나는 그 터에 '주막의 등불 1호' (주막의 등불은 내 나름대로 역을 상징하는 이름이다) 푯말을 세우고 일이 제대로 되면 말 아홉 필과 존재했던 사람들의 조각상을 세웠으면 했다. 로댕이 발자크 동상을 세운 것처럼 그 많은 통행인들의 노고를 덜어주었던 그 영혼을 기리고 싶었다. 그 무명의 노고가 쌓여 아시아 로드와 유라시아 로드로 이어졌으니까!

'미인'의 원조인 정철이 여기서 400여 년 전에 '말을 갈아타고 양평의 흑천(흑수)으로 돌아들며' 관찰사로 부임하는 첫발을 디디는 '관동별곡(關東別曲)'을 남겼다.

이렇게 주막의 첫 번째 등불은 아득하지만 양주목에 속하고 금촌면에서 동쪽으로 칠십리 떨어져 있다고 했으니 양주목의 도로원표 금촌면의 관아 등등을 참고해 역산하면 그 자리를 확정할 수 있을 것이다.

덕소 가는 길을 물으니 의외로 회관 뒤쪽으로 청풍 김씨 묘원을 지나 10분만 가면 된다고 한다. 야트막한 고개를 넘으니 정말 실감나는 옛길이 잠시 드러났다 사라진다. 고갯길을 내려서니 골짜기가 깊다. 언덕엔 도로공사 중에 발견된 유적을 발굴한다는 표지가 선명하다. 혹 여기서 역터를 찾거나 '부곡(部曲)', '소(所)' 하는 '덕소'의 산업기지가 발견되지나 않을지….

그 골짜기를 돌아서자 바로 빌딩의 숲이 시야를 가로막는다. 토평교에서 바라보았던 그 덕소가 여기일 줄은 정말 몰랐다. 내 젊은 날 채소밭과 푸른 강이 내려다보이던 덕소는 빌딩의 그늘에 가려졌다. 도시의 혼잡은 눈살을 찌푸리게 한다. 유리로 번쩍이는 역사(驛舍)는 서울역이 부럽지 않다.

이곳은 와부읍 소재지다. 읍사무소에 들렀지만 그 사람들은 이른바 '문화마인드'에서 코드가 맞지 않았다. 옛길을 안다고 소개받은 표구점의 할아버지는 다방커피를 홀짝거리며 바둑알만 만지작거리고 있었다.

해가 기울기 시작한다. 오늘은 좋은 여관에서 자고 싶다. 수퍼에서 캔맥주를 한 잔 마시고, 2,200원을 들여 택시를 타고 인터넷이 된다는 모텔을 소개받았다. 새로 지은 모텔은 10시 넘으면 4만 원, 지금(저녁 7시) 입실하면 5만원! 외국의 호텔에도 이런 계산 방식이 있는지 모르겠다. 다시 옆집으로 가서 방을 얻었는데 두 집 모두 컴퓨터는 없다.

방에 들어가 평생 처음 손수 빨래를 했다. 〈변화 하나!〉 나는 내 옷을 빨 줄 알게 되었다.

집사람의 제자인 J내외가 아이들을 데리고 나를 보러 왔다. 강변에서 오리고기를 먹었는데 점심만 소머리국밥을 먹었으니 안 먹었으면 좀 불편했을 것이다. 유치원 다니는 윤석이가 한자를 쓰는 것이 흐뭇하다. 이 녀석은 감성이 풍부하다.

여관 아니 모텔에 돌아와 보니 야경이 너무 아름답다. 아내가 오늘은 달빛이 곱다고 전화했었다. 그 달이 물 위에 빛주름을 만

둘째날, 덕소의 모텔에서 바라본 인수봉. 강 왼쪽은 미사리경기장, 오른쪽은 상전벽해 아파트숲이 되었다.

드는 건너편 미사리 경기장의 불빛이 나를 유혹하고 있었다. 그 등불 아래 차를 마시는 젊은이들은 어떤 멜로디에 취해 있을까? 침대에 누워 천장을 바라보니 천장에서 또 다른 내가 나를 덮치려해서 벌떡 일어나 앉았다. '원!! 무슨 이런 요상한 천장이?!' 한참 뒤에 '처녀들의 저녁식사'라는 영화를 어떻게 찍었는지 고개가 끄덕여지고 여관과 모텔이 어떻게 다른지-휴게텔이 어떻게 휴게소와 모텔의 합성어가 되었는지 조금은 알 수 있게 되었다. '홀아비의 저녁식사' 아마 이런 영화를 만든다면 모두들 이렇게 말할 것이다.

　'저 영감이 그예 확실히 미쳤구먼!'
　몸은 피로한데 가을달처럼 잠은 쉬이 오지 않는다.

02 봉안역을 찾아서

셋째 날 〔10월 13일 목요일〕

오늘은 두 번째 등불 '봉안역'을 찾아가야 한다. 빨래가 잘 말랐다. 지치면 짐이 두 배로 무겁다. 떠날 때 마룻바닥에 짐을 늘어놓고 줄이고 또 줄였는데 그래도 3분의 1은 들어낼 수 있겠다. 팔당우체국에서 택배로 보내려고 정돈해서 따로 꾸렸다. 팔당까지만 가면 어깨가 풀리겠지. 참! 떠날 때부터 왼쪽 어깻죽지가 너무 아팠다. 잠을 잘못 잔 것인지 때늦은 오십견인지 팔을 흔들어보아도 낫지를 않으니 짐이 무거웠던 모양이다. 이틀 걷고 하루 쉬기로 했는데 기상전문가(마누라)가 금요일에 비가 올 테니 하루 더 걸으라고 한다.

어제 토평에선가 가운에선가 저 멀리 보이는 산 이름을 물었더니 '검단산'이라고 했던 기억이 난다. 인천에도 '검단'이라는 지명이 있는데 이것은 '단군왕검의 검, 곰나루, 곰소 하는 곰-고마(꼬마), 구마모또(熊本), 개마고원' 등등 모두 삼한 이전 '곰족〔檀

君]'의 영지다. 깨어보니 멀리 한강 위에 인수봉이 보인다. 파주의 용미리에서 미륵불 탑본을 하다가 인수봉 뒤꼭지를 보고 감탄하던 기억이 새롭다. 산이 어디 앞뒤가 있겠는가? 사람들이 제멋대로 앞뒤를 만든 것이지! 산이 내게 온다던 마호멧이 산으로 걸어가 자신을 입증했다는 일화는 그가 선승이었음을 웅변해준다. 그 산을 카메라로 잡아보려 하지만 엷은 구름이 가로막는다.

아파트를 지나고 모퉁이를 돌자 중앙선 철로가 보인다. 죽령길은 거의 중앙선과 일치한다. C선생이 길을 걸을 때 자동차와 마주보고 걸으라고 주의를 주었었다. 그렇지만 화물트럭이 내리막길로 달려올 때는 산사태를 만나는 기분이다. 언덕배기에서 기찻길이 도로와 어깨를 견준다. 망설이다가 기찻길로 가기로 한다. 철로 옆은 생각보다 여유가 있다. 그 가지런한 규칙성과 원근감의 변화가 나를 포근하게 한다. 이 철길에서 오랜만에 안정을 느낀다. 야생의 풀과 가녀린 들국화 그리고 이끼. 나는 그들과 가을 대화를 나누며 걷는다. 땀이 배어나오고 기분이 좋아질 무렵 한강이 드문드문 모습을 드러내고 이제는 자동차를 굽어보며 걷는다.

어제 J와 저녁을 먹었던 강변 오리집이 보인다. 나는 꽃을 본 듯 웃는다. 아이들을 가르치다보면 그들이 안정된 인격을 갖추었을 때 지리산을 바라보듯 흐뭇하고 아름답고 편안해진다. 그 생각으로 한참은 힘든 줄을 몰랐다. 기차가 지나갈 때마다 잠시 멈추어 바짝 비탈에 붙거나 한 걸음 내려서 기다린다. 기차가 멀리서 달려오면 철로에 그 울림이 있다. 경적을 울려주기도 한다. 그대로 가면 팔당인데 그 기차에는 그리움의 때가 묻어있다. 젊은 시절,

나는 울적하면 기차를 타곤 했다. 강변도로가 생겨 그 한적함은 이미 옛날이 아니다. 만약 옛 그대로라면 혹 이 글을 읽는 젊은 사람들에게 스위스에 갈 필요 없는 그런 아름다움이 서울의 한 시간 거리에 있다는 것을 보여 주었을 텐데.

힘겹게 가을걷이하는 농부를 바라보다 보니 전방 200m는 공사 중. 다시 46번 국도로 내려서니 자동차의 굉음이 휘파람소리를 내고 분진에 가슴이 콱 막힌다. 수건으로 입을 가리고 고개를 숙이고 모자를 눌러쓰고 눈을 반쯤 감은 채 걷는다. 이 좋은 땅에서 이러하거늘 사막이라면 어쩔 텐가! 아랍여인이 차도르나 터번을 왜 쓰는지 알 것 같다. 작열하는 태양을 머리에 이고 다니려면 한 겹의 모자로는 안 되겠지? 한참을 걷다가 길에서 토악질을 했다.

고개를 돌려보니 예봉산(대동여지도에는 禮賓山) 등산로 표지판이 보인다. 평범해 보이는 그 산에 등산로가 여러 갈래인 것을 보면 산사람들의 사랑을 받는 모양인데 정상에서 바라보는 한강이 그럴듯할 것이다. 팔당대교를 가까이 두고 다행히 옛길이 갈라진다. 지금까지는 새 길이 옛길을 덮으며 확장되었을 것이다.

1.2km 앞에 '향토사료관' 이라는 간판이 보인다. 그러면 팔당이 코앞인데 생각해보니 덕소와 팔당은 한 정거장이다. '남양주시 향토사료관' 은 폐교를 개조했는데, 기념 표석에는 600명인가 하는 졸업생을 배출했다는 기록이 있다. 성인이 되었을 그 600명의 모습을 이 황량한 운동장에서 그려본다. 확실히 학교는 사람의 역사를 만드는 위대한 장소다. 관장 임병규 씨의 정교한 탑본(榻本)이 볼만하다. 처음으로 향토사학자를 만난 셈이다. 한강의 옛 지명이 두미천(斗尾川)이라는데, 양수리(兩水里)의 '두(갈래) 물' 의 이두

일 것이다.

된장찌개 : 적벽을 연상시키던 그 팔당은 고가차도가 삼켜버렸다. 건너편 산이 바로 가운에서부터 보아오던 검단산이라는 것도 다가가면서 잊어버렸다. 예빈산(예봉산)과 검단산 사이의 그 흐름은 유장하다. 강변에 따개비처럼 붙어있던 횟집들은 규모가 작아서 동양화처럼 자연의 위용을 강조하고 정취가 있었던 것인데 고가차도가 이 횟집의 지붕이 되었다. 가게들도 모두 임대 표지가 붙어있고 역 아래 서너 집이 밥을 팔고 있다. 주막이라면 잠자리도 없는 문자 그대로 목로주점이다.

"멀 드실라요?"

된장찌개, 두부찌개 하고 속으로 뇌이다가

"된장에 두부 좀 많이 넣어주소."

강진댁의 음식은 깻잎에 총각김치 역시 깔끔하다. 모두 길러서 한다니까. 여기서 잘까 했는데 겨우 12시, 그리고 잘 곳도 없다. 아침 겸 점심을 먹고 짐은 네 배로 무겁다. 팔당에서 반을 덜어내려고 했는데 우체국이 없다. 봉안에 잘 데가 있느냐고 물었더니 없다고 한다. 봉안은 팔당댐 건너 저수지 지나면 차로 5분? 10분? 하면서 바깥주인은 태워주겠다고 선심을 쓰지만 나는 걷는 사람이다.

팔당역 : 팔당역은 쓸쓸하다. 그 적막이 나를 부르곤 했는데, 그때의 그 적막은 의연함이 있었지만 고가도로 뒤에 움츠린 강변역은 폐가처럼 을씨년스럽다. 나는 한참이나 청춘의 상실을 맛보면서 울고 싶었다.

인적이 끊긴 아베크 역 팔당. 그 사람은 지금 어디 있는가?

2005년 10월 13일 오후 2시 1분

그래도 물을 끼고 걷는 이 길은 지금까지 걸어온 길 중 가장 아름다운 길이다. 강심의 드러난 바위에는 개구쟁이 청둥오리(?)들이 래프팅을 즐기는데 여울을 따라 맵시 있게 뱅그르르 돌다 미끄러지며 균형을 잡고는 목을 턴다. 어미새는 새끼의 주위를 돌고 있고….

눈 앞의 팔당댐은 점점 가까워진다. 수문은 거의 닫았지만 물소리가 더위를 식혀준다. 여기서부터 조안면이다. 나란히 달리는 절벽의 중앙선에는 가끔 기차가 지나가고 나는 손을 흔드는 대신 사진을 찍고 또 철로공사를 하는 인부들의 소리를 귀담아 들어본다. 굴을 지탱하는 시멘트벽에는 사랑 낙서투성이다. '영선♡정섭', '은희↔덕원" 그리고 날짜를 적고…. 그 사랑에 다정한 눈길을 준다.

봉안마을 입구 : 팔당댐을 지나자 오르막에 갑자기 공중다리가 하늘을 양분한다. 바로 봉안마을 입구다. 다리 기둥에 천막을 걸친 목로주점에서 천원짜리 길커피를 마시고 수작. 주모는 서울 사는데 거꾸로 출퇴근한다고. 남편은 고개 너머에 전을 벌리고 있는데, 올해는 불경기로 주중에는 겨우 5만원 팔기도 힘들단다. 더는 묻지 않았다. 고개를 돌아서니 바로 봉안마을(능내2-3리)라는 돌비석이 나오고 윤택한 전원주택들이 눈 아래 깔린다. 예빈산의 뒤쪽이다. 개울 하나, 예봉교[이것도 대동여지도로 하자면 '손님을 맞는다'는 예빈교(禮賓橋)가 맞을 듯]에서 남북으로 사진을 찍는다.

"저 산에 봉수대가 있지 않았나요?"
손자를 데리고 귀가하는 노인에게 묻는다.

굴을 지탱하는 시멘트벽에는 사랑 낙서투성이다. '영선♡정섭", '은희↔덕원"그리
고 날짜를 적고…. 그 사랑에 다정한 눈길을 준다.

2005년 10월 13일 오후 2시 31분

"그건 모르겠는데, 저 자락을 넘으면 바로 덕소요! 보부상들은 그 길로 다녔답디다. 여기 지명은 장길산을 읽어보면 많이 나와요. 역이나 주막 같은 것은 없었고 주로 뗏목을 이용한 물길이었지요."

"그럼 물이 바로 이 앞까지 들어왔었나요?"

"아니지요. 댐을 막아서 물이 차올랐지요. 더 멀리 저 쪽에 물이 있었고 이 앞은 자갈밭이었지요."

나는 장길산을 읽지 않았다. 돌아가서 객주와 함께 읽어보리라.

고개를 돌아 넘어 **능**내에 들어서자 한강이 바라보이는 전망 좋은 마을이 나타난다.

"봉안역은 바로 능내역이요! 거기 가면 안내판이 서있어요!"

기운 해를 머리에 이고 나이든 농부가 밀짚모자를 벗으며 일러준다.

이 한적한 길에 줄지어 검은 승용차가 지나간다. 다산의 실학축제 개막식이 5시다. 나는 그 행렬을 따라 걸으며 한확 묘소의 사진을 건성으로 찍고, 능내역에 이른다. 한확은 한명회와 한 집안으로 세조를 등에 업고 한명회의 두 딸(8대 예종비 장순왕후와 9대 성종비 공혜왕후로 형제자매끼리 혼사를 했다)과 함께 자신의 딸도 왕비〔추존 덕종비 인수왕후〕를 만들었고, 누이 둘을 중국황실에 보내 외교(?)에 한몫을 한 수완가였다.

봉안역〔2〕: 능내라면 아마 인근에 이름난 무덤(陵)이 있는 모양인데 능내역은 닫혀 있다. 팔당역보다 더하다. 알아서 타고 내리고 기관사가 알아서 멈춘다. 지금도 화차가 서있다. 무궁화호를 보내고 갈 모양이다. 앞뒤 어디고 봉안역이었다는 안내문은 보이지 않고 촌로도 가게주인도 머리를 가로젓는다.

여지도서(輿地圖書)에는 주의 동북쪽 30리에 있고 말 13마리에 노비가 9명이라고 했다.

생육신의 한 사람인 남효온의 '유금강산기(遊金剛山記)'에는 '오빈역(吾賓驛) 양근군(楊根郡)을 지나고, 월계천(月溪川)·우원(偶院)·요원(腰院)·말원(末院)을 지나 용진(龍津)을 건너 봉안역(奉安驛)에서 잤다. 이날 도합 80여 리를 걸었다. 경자(庚子)일에 두미천(豆尾遷)·평구역(平丘驛)을 지나 중녕포(中寧浦)를 건너 70리를 가서 서울로 들어왔다.'는 기록이 있으니 그는 이 부근에서 하룻밤을 잔 것이다.

예정대로라면 다리를 건너 바로 양수리로 들어가야 하는데 잠시 다산축제를 구경하기로 한다. 철로를 가로질렀으면 좋았을 것을 한 바퀴 에돌아 철교 밑에서 강 건너 두물머리를 찍고 1.2km 전방의 다산 유적지로 향한다. 등이 굽어지는 만큼 배낭은 밑으로 처진다. 멜빵끈을 빗겨가며 가죽만 남은 어깨를 달랜다.

다산축제 : 행사장에서 눈부신 처녀가 아는 체를 한다. 다시 보니 구리시청 최 양! 반갑다. 도지사가 행차하니 그들도 따라 온 것이다. 식은 축사로 시작되었다.

'…세종은 백성을 생각해서 한글을 짓고 천문기계를 발명했으며 노비도 사람이라고 인권을 강조했다.…경기도 으뜸상을 수상

하는 장인들은 세계의 으뜸이 되어야만….' 운운.

경기도에는 영어마을이 들어서고, 어떤 사람들은 자기 자식은 미국으로 보내놓고 영어를 가르치면서 안에서는 한글의 세계화를 부르짖는다. 자가용 운전수도 인권이 있으므로 따로 저녁을 먹도록 세종대왕 초상화를 하사하신다. 서민이 으뜸이 되어 공복(公僕)이 수고한다고 상을 주는 세상을 그려본다. 저 '변사또'의 선정비와는 다른.

기념관에는 목민심서(牧民心書), 경세유표(經世遺表) 등 복사본을 전시하고 있는데 '내가 사서삼경(四書三經)을 진실로 읽었는가?' 그런 선생의 문구를 본 듯도 하다. 축제 마당에서 다산의 유배지였던 강진군수가 보낸 차를 올리는 행사가 인상적이다.

두물머리에는 처음 루즈를 바르는 소녀의 뭉개진 입술처럼 엷은 노을이 부끄러운 듯 강심에 너울거린다. 내일은 비가 오려나? 정말 아름다운 강산은 아름다운 인물을 배출한다. 다시 다산을 생각하며 모든 것을 잊는다. 평구에 이어 봉안역의 장소도 아리송하게 지나친다. 이제 3번째로 양근을 찾아야 한다. 마음씨 고운 아가씨를 만나 1.2km는 멋있는 짚차를 타고 다시 마을버스를 타고 양수리로 건너왔다.

버스에서 내리자 해장국 집들. 전주 콩나물! 옳지! 텅빈 가게의 중로(中老)의 주인은 게슴츠레 눈을 치뜨더니 대뜸
"안 사요!!"

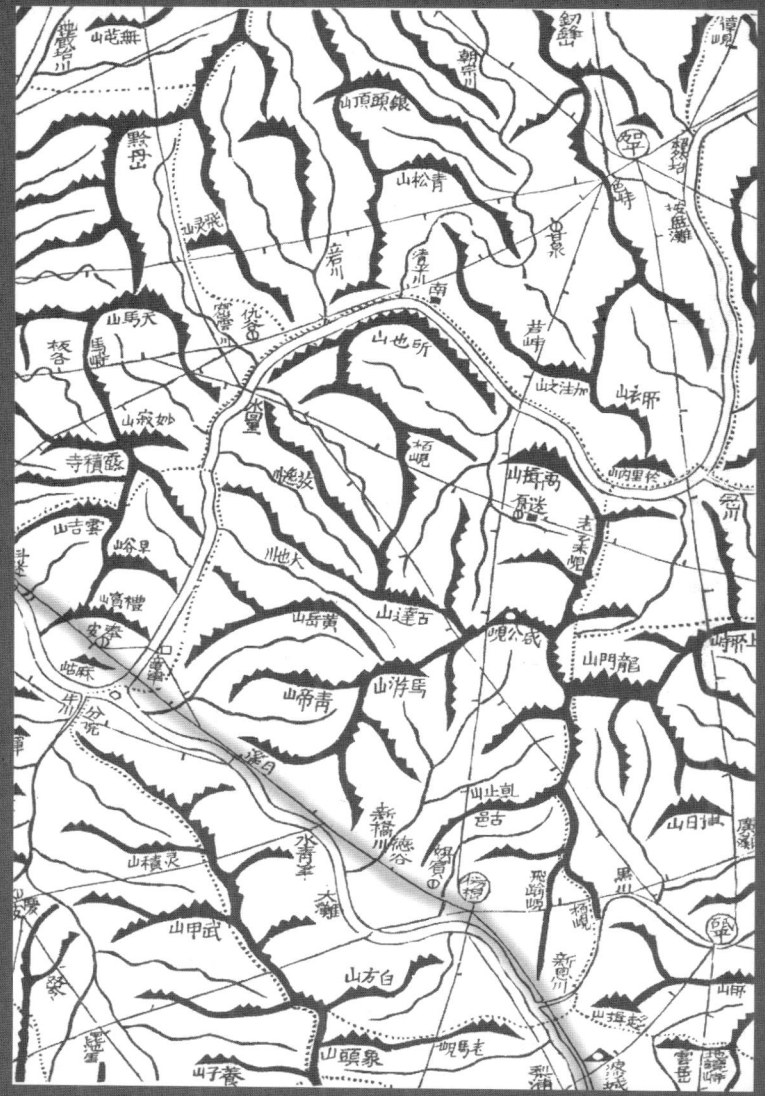

가평(加平)에서 흘러온 북한강이 '마점(麻岾)'에서 남한강과 합류하여 두미(斗迷)가 된다. 예빈산 아래 ⑪봉안역과 양근 옆에 ⑪오빈역, 맨 아래 ▲파사성(波沙城)이 보인다. 직선 위의 점은 10리 단위. ⑪은 역표시, ▲은 성표시

나는 무엇을 드시겠느냐는 경기도 말인 줄 알고 멈칫했다. 그러다가 문을 닫고 나와서야 그 뜻을 알았다.

'젠장! 걸뱅인 줄 알았으면 한 술 멕여 보낼 일이지!'

파출소에서 우체국을 확인하고 약국에서 소개받은 '진지상'에서 올갱이 해장국을 추천한다. '한강수 타령'은 무슨 영화제목인 듯한데 벽에는 김혜수 등 사인이 수두룩하다. 올갱이를 손질하고 있는 노파의 인상이 좋다. 그리고 수단 좋은 주인의 소개로 컴퓨터가 있는 여관(동남장 4층)에 들어 글을 쓰다 잠이 들었다.

03 지나친 오빈역

동남장의 하루 휴식 〔10월 14일 금요일〕

이 방이 특실이라는 것은 깨어나 창문을 열어보고야 알았다. 강물과 산 그림자는 말 그대로 한 폭의 산수화다. 새벽 3시 반에 잠들었다가 늦잠을 자고 아침 8시 43분에 깨었다. 1010mb에 26.4도인데도 너무 더워 팬티만 입고 있다. 알 수 없는 이 고도계는 해발 35미터. 아무튼 나는 지금 베니스처럼 물 위에 떠 있고 이 여관이 마음에 든다.

여기까지 걷다보니 망우리고개를 제외하고는 거의 평탄하고 서울까지 물길(水路)의 이용이 활발했다는 생각이 든다. 지금 한강의 수로를 활용하지 않는 것(유람선 장사도 잘 안 된다)은 우리 민족이 기마민족이라는 유전자 때문일까? 라인강이나 중국 수나라 양제의 운하는 지금도 운송수단으로 활용되고 있다. 강변에 도로를 만드는 것보다 강심을 이용하는 방법이 없을까?

30년 전 독일 젊은이를 만난 일이 있었는데 그의 전공은 지리였다. 대학에 지리를 전공하는 과목이 있다는 것도 몰랐던 고등학교 때 나는 이중환이나 김정호보다 강봉팔 지리 선생님의 지식에 매료되었었다. 영수에 매달려 있는(나는 입시준비가 무엇인지도 몰랐고 지금도 후회는 없다) 교실에서 교문 밖의 세상을 알려주는 지리는 정말 재미있는 과목이었고 그 지식을 어디서 구해오는지 '뽕팔이'는 정말 도인 같았다. 몇몇 친구들은 그 선생님의 영향으로 무전여행을 떠나기도 했는데 그 이야기를 옮기자면 몇 날 밤을 새워도 부족하다. 각설하고 책상에서 논문을 쓰는 것이 아니라 자신의 논문이 현실에 부합하는지 세계를 돌며 확인하고 새로운 사실을 발견하는 그 독일 청년은 선망의 대상이었다. 그에 비하면 밥을 구하기에 급급했던 당시 우리 학문은 그만큼 활자에만 갇혀 공중에 떠 있었는데, 영국은 건축과도 의사처럼 현장실습을 하고 학위기간이 7년이라니 튼튼한 집을 지을 수밖에…. 그 친구의 질문은 왜 경복궁이 한강을 이용할 수 있는 수심이 깊은 동작동에 자리 잡지 않고 모래톱을 지나 산속에 처박혀 있냐는 것이었다. 나는 그림을 그려가며 좌청룡우백호(左靑龍右白虎,, 風水)를 강의(?)했는데 신중히 듣고 있으면서도 ×을 씹은 표정이었다. 이제야 조금은 알 것 같은데…. 그때 왜 마포나 광나루가 당시의 항구였다는 것을 대주지 못했을까? 게다가 풍납토성이나 곰나루 등을 함께 역설하지 못했을까?

이런저런 생각을 하며 종일 일기를 정리하다가 컴퓨터에 문제가 생겨 다시 작업을 하고 빨래를 말리며 하루를 보냈다. 사진을 외장하드에 옮기고 확인하고 디카를 포맷하고 메일을 보내다 실패했다. 결국 컴퓨터 기사가 출장해서 바이러스를 치료한 뒤 일을

동남장 옥상에서 바라본 양수리는 물의 도시 베니스를 떠올리게 한다.

2005년 10월 14일 오후 3시 23분

계속하다보니 점심때가 훌쩍 넘었다. 구내식당에서 순두부를 먹고 맥주를 마시고 메일을 정리하고 다시 지도를 보다가 시계를 보니 벌써 밤 11시 08분!

양수리를 떠나며 〔10월 15일 토요일〕

두물머리 삼각주에 떠 있는 이 동남장의 창으로는 가끔 멀리 강 위에 떠 있는 중앙선 열차가 보인다. 기차가 지나간 뒤엔 언제 그랬냐는 듯 물이 흐르고 또 구름이 흐른다. 산은 초록이고 강과 하늘은 파랗다.

이런 생각도 잠시 메일을 보내고 시계를 보니 벌써 오전 11시 50분. 짐을 덜어 우체국에서 택배로 집에 보내려 했는데 너무 늦었다. 부랴부랴 옷을 입고 비닐봉지를 들고 묻고 물어 우체국으로 뛰었는데 토요일! 주 5일제가 이렇게 가까이 있는 줄을 몰랐다. 다시 이 짐을 메고 하루를 걸을 생각을 하니 발이 무거웠다. 강변 우체국 앞 양조장을 했다는 개와(蓋瓦)집은 이 동네와 어울리지 않았는데 음식점이 되어 있었다. 그 앞에 은행을 터는 중년이 바로 이 앞에 나루터가 있었다고 한다.

"여기 나루터는 그냥 양수나루라고 했는데 댐이 생기기 전에는 윗옷을 가슴에 묶고 건넜답니다. 깊은 곳이 허리쯤 물이 찼으니까요."

사진을 찍고 돌아서다 오토바이를 탄 배달부를 만났는데 월요일 부쳐 주겠단다. 이렇게 고마울 수가! 이제 어깨가 한결 가벼워졌다. 길 건너 파출소 마당에 있는 고인돌을 한 장 찍고 관광안내소 겸 택시정류장에서 친절한 기사들을 만났다. 생각해보니 주막은 이미 여관, 호텔, 모텔로 변했고, 역은 기차역과 차부(車部), 그리고 터미널로 변했으니 이들이 역을 찾는 내 역사의 주인공들이다. 진작 이럴 걸!

"여기 살기 좋다고요. 천만에요. 우리는 설악산이나 서해안으로 놀러 다녀요. 큰물 지면 다리로 올라가요. 제일 높거든요. 그러면 헬리콥터가 초등학교 운동장으로 매달아 가요. 교실에서 살다가 물이 빠지면 돌아오지요. 이 집(관광안내소)도 저만큼 떠내려간 것을 다시 끌고 왔지요."

"아! 저 철교 말이요? 일본사람들이 중앙선을 놓으면서 얕은 데를 골랐지요. 어렸을 때는 버스를 배에 실어 건너다녔지요. 한국전투비사에 보면 여기서 미군과 중공군이 엄청난 전투를 해서 탄피가 무지 많았어요. 그걸 주어다가 엿 바꿔 먹고."

다리 이야기를 할 때 나는 몇 년 전 태국의 칸차나부리에서 보았던 데이빗 린의 그 '콰이강의 다리'를 연상하고 있었다.

"여기요? 댐 만들기 전에 정말 아름다웠어요. 하얀 모래사장 눈부신 조약돌. 고향이 어디냐고요? 저 물 밑에 있어요. 우리는 그냥 두머리, 두미리라고 불렀지. (팔당댐을 대동여지도에 두미천으로 기록한 것이 떠올랐다.) 요즘 두물머리라는 말이 생겼는데 그 때 이주보상비로 110원씩 받고 고향을 떠났어요."

아침 겸 점심을 순천댁이 해준 된장국을 먹고 여관으로 돌아왔는데 좀 피곤했다. 잠시 눈을 붙였더니, '따르릉'

"사장님! 하루 더 주무실거예요?"

정말 그러고 싶었지만 짐을 꾸리고(정말 어지러웠지만) 방을 나서는데 텔레비전에서는 삼성과 두산의 코리안시리즈 3회가 막 끝나가고 있었다.

두물머리 : 배낭을 메고 다시 차부로 돌아가 택시를 타고 700미터 떨어진 두물머리에 잠시 들르기로 한다. 대동여지도에는 용진(龍津)이라는 나루가 있는데 용의 중세어가 '미르'니까 '미르나루'는 없느냐고 자꾸 물었다(경기도 안성부근의 '미리내'는 '은하수'인데 혹 용천(龍川)과 음의가 통할지도 모른다).

두 물길이 모이는 이곳에서 북한강의 근원까지는 325.25km, 남한강은 394.25km다. 말죽거리라고 불렀다는 두물머리에는 춘추(春秋) 400세의 느티나무가 아름다웠다. 키가 30m에 둘레는 8m라니 다섯 사람이 강강술래를 하고 높이는 아파트 10층쯤 될까? 말이 이 나무 아래에만 오면 발굽이 떨어지지 않았다는데 나무의 신령 때문일까? 아니면 그늘이 시원해서 움직이지 않았던 것일까? 노을과 수양버들과 마침 피어오르는 물안개가 고왔다. 고인돌이 원래 여기 있었는지 옮겨 놓은 건지 강물을 바라보기 딱 좋은 자리에 배열해 놓았는데 멋모르고 고인돌을 벤치 삼은 중년의 남녀는 세월을 까맣게 잊고 있었다. 안내 표지판이 그들의 가랑이 사이로 흘낏 보였다. ...고..인..돌...

젊은 연인들은 사랑을 속삭이고 가족들은 김밥을 먹고, 허준의 동의보감을 찍은 배와 기념촬영을 하고 저녁이면 오붓하게 집으로 돌아갈 것이다. 이 활동사진 속에 갑자기 내 그림자만 흑백사진으로 기우는 햇살에 굳어있는 것을 보았다.

용담대교의 허수아비 : 700m를 걸어서 다시 원위치. 오후 5시쯤 인가? 강변의 늪지에는 수초가 곱게 자라고 기우는 늦가을 햇살에 반사하며 눈부신 초록을 뽐내고 있다. 이제 다리를 건너 본격적인 양평 땅인데 옛길에 남한강을 따라가는 337번 도로에 새 길이 덮어지고 양평 읍내(세번 째 주막)까지 20km를 가기에는 길이 너무 멀다. 한 걸음이라도 남쪽을 향해 가다가 어디서건 날이 저물면 여관을 찾도록 하자. 그러다가 용담대교 교각 아래 건널목에서 길을 잘못 건넜는데 아차차! 올라서고 보니 까마득하게 강물 위로 세운 다리 위에 허수아비가 되고 말았다. 바람이 세차게 불었다. 게다가 돌진하는 트럭이 맞바람을 일으켜 몸을 가누기 힘들었다. 시멘트 다리는 물먹은 스펀지처럼 기분 나쁘게 흔들린다.

진동공학이라는 공법이 있는데 시멘트처럼 단단한 물체는 충격에 동강나는 습성이 있으니 그 충격을 완화하기 위해 흔들리도록 설계해야 한다. 걸음을 옮길 때마다 지나가는 트럭은 다리를 흔드는데 앞으로 나아갈수록 요동과 바람은 콩당콩당 뛰는 심장보다 더 거칠어진다. 90cm쯤 강쪽으로 난 갓길에는 아스콘 부스러기-자갈 부스러기가 자꾸 발에 채인다. 미끄러지면, 아아!! 그러나 되돌아가기에는 너무 늦었다. 잠시 고개를 돌려 정면으로 두물머리를 되돌아보았다.

야트막한 산들은 졸리운 북극 물개처럼 타는 노을을 등에 받고 강물에 엎드려 있었다. 멀리는 청산, 가까이는 오히려 검은 산! 강물이 잔잔하게 금빛 노래를 읊조리는 이 절박한 시간에 나는 오

옹담대교 위에서 바라본 두물머리의 노을은 분홍, 주황, 노랑, 빨강, 색채의 스펙트럼
이다.

2005년 10월 15일 오후 5시 11분

히려 평화를 느꼈다. 그리고 오히려 그 석양에 몰입하고 있었다. 빛이 있다는 것, 황홀! 글 그대로 마음속의 빛! 그런 엑스타시를 즐겼다. 이제는 두렵지 않았다. 오히려 트럭이 스치며 내쏘는 바람의 화살과 다리의 흔들림을 율동 삼아 함께 널을 뛰듯 한 걸음 한 걸음 앞으로 나아갔다. 그래도 다리는 좀처럼 끝나지 않았다. 이윽고 '물 위를 걷는 남자'를 끝냈을 때 교각 위에 팻말에서 1992년 3월 19일 시공. 4년이 걸려 1996년 10월 30일 완공하고 폭은 10.75m, 길이는 2,380m라는 숫자를 확인했다. 5리를 족히 강 위에 있었던 셈이다.

이제 왼쪽으로 중앙선 철로가 절벽에 매달려 있고 오른쪽으로는 본격적인 남한강의 흐름이 내 걸음과 역류하고 있다. 중앙선 신원역에 이르니 벌써 어둑해지고 인근에 여운형 선생의 생가가 있다는데 들러볼 엄두를 낼 수 없다. 이 역도 그냥 타고 차장이 차표를 끊어주는 자율역(?)으로 인적이 끊긴 역무실은 어두컴컴하다.

신원(新院)이라는 말은 혹 새로운 역이라는 말인지? '원(院). 원원원자로 끝나는 말은?' 구리시에서 그 아저씨가 퇴계원, 조치원, 사리원, 장호원, 분수원, 요로원…. 끝없이 원자로 끝나는 지명을 읊던 생각이 난다.

밤바람이 차서 바람막이옷을 꺼내 입고 어둠이 깔리는 주변을 두리번거리며 여관을 찾는데 헤드라이트의 불빛뿐! C형의 말대로 이제 차를 마주 보고 걷는데 찬바람에 비빔국수가 된 매연을 견디기 어려웠다. 수건으로 입을 막고 걷다가 불빛이 사라지면 숨

쉬기를 반복하는데 멀리 가로등이 보인다. 부드러운 오르막을 다 올라 그 대륙의 등대에 다다르니 오직 휴게소 밥집 뿐! 주막의 등 불은 아니었다. 마루턱에서 좀 더 발길을 옮기자, 멀리 또 다른 불빛이 보인다. 그 마을 꽃집에서 담소를 하던 마을 사람들이 300m만 가면 여관과 밥집이 있다면서 우선 빈속을 채우란다. 무청, 정자각, 국밥집 등 밥집 이름까지 일러주면서.

　콩나물 해장국에 모주를 곁들이는데 아주 맛있다. 7시 40분! 여름이라면 그렇게 늦은 시간도 아니다. 벌써 날이 많이 짧아졌나? 다시 걷자 우연(偶然)인지, 우연(友緣)인지 우연모텔이 눈에 들어왔다. 양수교에서 여기까지 3시간 정도 7,377보를 걸었다. 컴퓨터는 없다. 목욕물은 차지만 엉성하게 반신욕(그날 피로를 풀어야 하니까!)을 하고 속옷을 주물러 바닥에 널고 단잠을 잤다.

국수리에서 양근까지 〔6일째 10월 16일 일요일〕

일어나보니 안개 사이로 창틀에 가득 노란 벼가 익어 있다. 이 모텔은 복포1리 입구에 있다. 청계산에서 흘러드는 물은 맑다. 짐은 한결 가볍다. 8시에 출발했다. 오르막인데 갑자기 나타난 도로 밖에 버려진 버스 정류장 표지! 이름표를 떼고 허수아비처럼 서있는 그 표지(말뚝)앞에 시멘트 폐도로가 나타난다. 직선으로 확장하면서 버린 자투리 옛길!

　출근길의 매연은 안개로 말아놓은 깨죽을 닮았다. 그 매연 속에서도 안개 속의 야생화는 더욱 신비롭다. 무심코 걷다가 아세아연합대학 쪽의 옛길을 놓쳤다. 지금 걷는 6차선 도로는 차량의 왕래로 번잡하다. 좌회전하면 한화리조트가 나온다는 표지판이 눈에 들어올 무렵까지 대강 1시간 20분을 걸었다. 출발할 때 섭씨 28도가 손목에서 시계를 풀어보니 체온의 영향이었는지 17도로 내려간다. 그냥 흔들면서 한참 가니 12도까지 떨어진다. 약간 쌀쌀할 뿐 바람막이옷이 체온을 잘 지켜준다. 양평프라자 휴게소에 들러 기어이 카스를 한 캔 사서 한숨 돌리고 잔치국수(3,500원)를 말아 먹었다.

주막은 뉴스센터 : 홍성댁 서씨 아줌마와 조카 정씨는 집은 서울에도 있는 모양인데 10년 전에 이곳에 휴게소를 차렸다.

　'어제 강화도에서 출발한 사람들이 30시간 걸어서 여기 왔어요. 걷는 사람들은 팀을 짜서 움직이는데 어떤 팀 7명은 사흘에 江陵(강릉)까지 갔대요. 그 사람들은 인터넷으로 20만원씩 회원을 모아 함께 걷는데 휴게소에 들리면 박스를 얻어 밥상이고 벤치고 발을 이렇게 위로 올리고(들어 올리는 시늉) 잠깐 눈을 붙이고 또 떠나요. 배낭에는 무슨 불을 반짝반짝 붙이고 다니는데 차를 마주보고 걷는단다. 사장님은 안 붙이셨어요? 6, 7년 전부터 유행했는데 기억에 남는 것은 부부와 남매가 한 사람이라도 포기하면 모두 그만두기로 하고 오대산까지 걸어가는데 아이들에게는 일생의 추억이 되지 않겠어요? 특히 어려운 일을 당했을 때…'

　삼인행필유아사(三人行必有我師)라! 주막은 신문사의 편집국이었는데(이것은 거의 40년 전 깨달은 것이다) 이제 주막은 방송국의 보도국이 되었다.

외도(外道) 1 : 지도를 보려고 복덕방에 들렀는데 미스 백을 만났다. 내 지도와 부동산 벽지도를 보니 도대체 비교가 안 된다. 양평 개발현황을 브리핑 받은 뒤 자의반 타의반 그의 카렌스를 타고 외도, 길을 벗어났다. 옥천면 고려 삼층탑과 하씨 며느리 효도비와 분양하는 전원주택을 둘러보았다. 참! 아침 먹은 곳은 양평군 옥천면 아신역으로, 충청도 옥천(沃川)이 여기도 있나 했는데 여기는 옥천(玉泉)이다. 한자가 없었으면 혼동할 뻔했다. 현장을 둘러보고 그 집에 들러 골동품 수집 취미인 오빠와 커피를 마시면서 이 마을은 정씨와 광산 김씨들의 집성촌이라는 말을 들었다.

사나사(舍那寺) : 바쁜 사장님은 사업차 시내로 가시면서 나를 버스 정류장에 내려 주면서 사나사와 백운봉〔940m, 이 산은 큰길 어디서고 보이는데 정말 삼각산(三角山)이다〕을 소개해 주었다. 사나사, 그 이름이 신라의 느낌이 아닌가! 이 절까지 가는 마을버스를 기다리다 마음 좋은 중년부부를 만나 잠시 오피러스를 얻어 탔다. 이 동네는 소구니산과 유명산이 있는 청평 건너편이라고 생각하면 알기 쉬울 것이다.

　"사진작가입니까?"
　"백수올시다."
　"저도 백숩니다."
　"이 동네 백수는 자동차가 좀 다릅디다."
　"허허허! … 호호! 그렇지 않아요!(호호는 그 부인)"

　벼는 누렇게 익어 파란 가을 하늘에 빛나고 청정재배를 뽐내는 논둑엔 메뚜기잡이 축제에 도토리국수와 냉면이 옥천리의 윤택한 가을을 뽐내고 있었다. 산길에 올라서면 농가와 미국풍의 전원주택이 섞여 있는데 올라갈수록 농가는 드물다. 가축을 한두 마리 기르는 집은 분뇨를 끌어 모아두는데 그런 농가의 모습도 이제 거의 사라질 것이다.

걷고 걸어(점심은 아직) 사나사에 다가가는데 바위에 '延安李氏世葬地' 즉 연안 이씨들이 대를 이은 묘지라는데 연안은 중국 장안(오늘의 서안) 부근에도 있고 황해도에도 있다. 참 묘한 곳이다. 또 조그맣게 '咸王…云云' 하는 작은 비석과 함께 절 가까이 함왕성지(城址)가 있다는데, 여기서 1.8km다. 아무튼 이 절과 관련된 원증국사(圓證國師)는 중국에 유학을 한 공민왕의 왕사로 신돈과 갈등으로 세상사를 버린 야권이었던 듯한데 그 분의 비명은 조선의 공신인 유학의 대가 정도전이 지었다.

고려말의 비석 양식을 그대로 간직한 손바닥만 한 비석과 석종(石鐘)! 출처불명의 삼층탑! 지방문화재라지만 내게는 국보보다 귀한 느낌이다. 조선시대(아마 영조시대)의 동네 사람의 시주로 복구한 비문 또한 소박한 필체가 마음을 끈다. 이 비 또한 마모와 파괴가 심했다. 혹 탑본(榻本)을 볼 수 없나 했지만 무여(無如)스님은 서고를 뒤지시다가 인터넷에 떠 있는 간략한 소개 한 쪽을 복사해주시고 나머지는 법명 그대로이시다. 양평군 문화관광과에 알아보라는 친절한 말씀과 함께! 참 원만한 인상의 스님이었다. 그 답으로 기와에 대웅전의 칠언절구를 베껴 헌납하고 하산했다.

오후 3시 반! 갈증!

다행히 부천 사는 금형기술자(갓 30쯤 된 총각)의 '라세티'를

파도처럼 물결치는 벼이삭은 황금으로 일렁인다. 고흐가 여기 있었더라면 또 한번 그 현란한 붓놀림을 뽐냈을 것이다.

얼어 타고 제자리로 복귀! 그 친구는 군대생활 인연으로 문득 와 보고 싶었다는데 여기 전차부대가 있었단다.

지나친 오빈역[3] : 제자리로 돌아와 보니 오후 4시 반이다. 절에 올라가 보고도 오늘 목적지까지는 늦지 않았는데 어제 저녁에 좀 걸어두고 아침 일찍 떠난 것이 보약이 되었다. 다시 걸어 강변 양평리조트에 가까이 가니 길거리에 벽난로와 서양풍의 가구와 등잔 가게가 즐비하다. 한강을 끼고 전원주택의 특수를 알 만하다. 엄청난 가마솥에 김이 무럭무럭 오르는데 양평장터해장국이다. 점심을 걸렀으니 당연히 배가 고프다. 이 해장국집은 다시 오고 싶은 집이다. 양평 7km라는 표지판은 이미 지나쳤고 보이는 것이 모텔이니 잠자리 걱정은 없다. 소화도 시킬 겸 강바람도 쐴 겸 강변의 양평들꽃수목원에 들러 본다. 서양풍의 정원엔 꽃들이 가는 가을을 아쉬워하고 있다. 그냥 하루 종일 아이들에게 보여 줄 만한 곳이다(www.nemunimo.co.kr). 이제 멀지 않다. 양평이! 밤은 너무 쉽게 찾아온다. 노을의 다음 페이지는 바로 깜깜한 밤이다. 심상치 않은 다리가 있어 보니 오빈교. 한 장을 찍어 두고 지나쳤는데 뒤에 알고 보니 이곳이 바로 양평의 역마을이었다.

여지도서에는 오빈역이 군의 서쪽 4리에 있고 평구역 소속이다. 13필의 말이 있고, 역리는 55인, 남자노비 22명, 여자노비 4명이라고 적혀있다.

양평 도착 : 양근대교에는 단풍놀이하고 돌아가는 차들로 만원사례! 후미등이 꼬리를 물고 있다. 여름에 이곳을 지날 때 아내는 졸음에 빠져 있곤 했다. 오른쪽은 군청, 왼쪽은 역전인 소고기집 방씨에게 공손히 묻는다.

"두 가지만 묻겠습니다. 양평에서 제일 오래된 여관과 제일 좋은 여관, 즉 인터넷이 되는 여관은 어디입니까?"

"좋은 여관은 강변으로 택시를 타셔야 하고 오래된 여관은 주무시기가…."

커피를 대접받고 소 한 마리로 120마리까지 늘려 4층 집을 지은 인상 좋은 주인은 '그저 인성교육만 받기를 바란다.'며 은근히 아들자랑을 한다.

'오늘의 피로를 풀어야 하니까.' 간단히 샤워하고 치카치카하고 카메라에서 칩을 빼고 판독기에 끼워 들고 나서보니 여관 앞의 인터넷방은 휴업!

길 가는 초딩에게 묻는다.
"제일 좋은 인터넷 방은?"

두 팔을 벌려 에어로빅 교통정리 하듯 춤을 추며 랩을 하는데
'시장 – 네거리에서 – 제일 큰 노래방 – 데몰레이션 – 지나면 – 사
이베리아 피씨방'

역시 초딩은 똑똑허단 말이여^^

컴퓨터에 매달린 지 3시간이 넘어 집 떠난 지 일주일만에 양평
에 도착한 이야기를 썼다.

04 양평에서

7일째 〔10월 17일 월요일〕

일어나자마자 카메라를 들고 안개에 갇힌 양평역으로 걸어갔다.
한강변이라 그런지 10시가 넘어야 햇살이 물안개를 헤치고 도시
를 드러낸다. 마침 통학열차가 있어 플랫폼에 가서 사진을 몇 장
찍었다. 개천이 아파트 신도심과 구도심을 갈라놓은 야릇한 광경
을 보았는데 무심코 들어갔다가 표를 사지 않아 께름했다. 그런데
지키는 사람은 아무도 없고 모두들 그냥 나오거나 입구에 놓인 예
쁜 도자기에 표를 던져 넣는다.

  1989년 독일에서 버스든 기차든 전철이든 연락선이든 표를 보
이지 않고 들락거리는 것을 보고 놀란 일이 엊그제 같다. 시민을
감시하지 말라! 우리는 스스로 값을 치를 줄 안다는 사회규범! 시
민은 도둑이 아니라는 독일인의 긍지가 여기에 꽃피운 것이 세월
을 느끼게 한다.

  양근과 지평에서 한 글자를 따서 양평이 되었지만 택시운전수

안개 낀 중앙선 양평역사. 통근기차들이 교차하는데 여기서 이 기차는 원주로 가서 단
양에서 다시 죽령대로와 만나게 된다.

2005년 10월 17일 오전 7시 58분

들은 지금도 연고를 지키며 두 군데로 나뉘어 있다. 지평사람인 운전수는 역말(驛마을)이라는 지명이 지평의 송곡리(?)에 지금도 있다고 하는데, 지평은 원주 가는 길이고, 내 길은 죽령길이니 아쉽다.

거리에는 군인들이 많다. 늦은 아침 해장국을 먹으며 젊은 주인은 물 맑은 고장 탓에 좋은 점도 있지만 서울 사람들이 물세를 더 주었으면 한다. 한강이 상수원이 되면서 어민 생계수단으로 면허를 받은 사람은 100여 명으로 그 사람들이 세상을 떠나면 면허는 소멸되는데 지금은 30명 정도 남아 있다고 한다. 그 어부 가운데 한 아들이 대학에 들어갔는데 부모님 직업이 어부라니까 교수가 장학금을 마련하려 애쓴다는 말을 듣고 웃었다고 한다. 배 한 척으로 4층 빌딩을 마련했다는 것이 믿어지지 않았지만 쏘가리는 1kg에 업자가격 3만원, 3.5kg을 잡으면 운운. 나는 건성으로 고개를 끄덕거리며 어제 소 한 마리로 120마리를 만들고 대로변에 4층 건물을 지은 젊은이를 본지라 남의 일이지만 뿌듯했다.

지난 밤부터 마음먹은 대로 군청으로 발을 옮겼다. 학예사가 신혼여행 중이어서 허탕을 치고, 문화원으로 발길을 옮겼다. 사무국장은 군지를 들추며 역은 지나온 '오빈(梧賓)'에 있었다고 하시면서도 정확한 위치는 조사된 것이 없다고 하신다. 대신 고지도에 표시된 객사와 창고와 태허루(太虛樓)를 안내해 주시겠단다.

양근나루 : 국장님 친구 분의 봉고를 빌려 남한강변 객사 자리인 경찰서에 내렸다. 툭 트인 남한강을 바라보며 사진을 찍고 보니 광주 쪽으로 양근대교가 햇살에 눈부시다. 1966년에 시공 1971년

에 완공했으니 내 대학시절이다. 폭이 12.5m에 길이가 625m라면 강폭을 어림할 수 있다. 그 다리 교각 옆 우묵하게 패인 곳이 '양근나루'로 경기도에서 비석을 세워 놓았다. 아무래도 조선시대에 이 길은 조운(漕運)이 중심이었던 듯하다. 읍지(邑誌)에도 양평의 상류로부터 洗心灘-波乃灘-長灘-沙灘-歸灘-大灘-青灘-月溪灘-島(?)浪津에서 양수리의 용진(龍津)으로 이어지는 여울이 줄줄이 늘어선 것을 보면 당연히 영월에서 흘러오는 뗏목은 이곳을 지났을 것이다.

나루터에 발을 적시고 있는 갈산봉을 바라보니 마치 낙화암 같았다. 강물에 손을 적셔 헤살져 보니 천년의 사공이 젓던 삿대의 여울이 서늘하게 느껴진다. 한참이나 그 물을 헤살지으며 이 물이 흘러 서울의 한강이 되고, 강화를 지나 발해를 거쳐 멀리 페르시아로 출렁이는 그런 망상에 빠져 있었다. 나루터는 과연 그 많은 세월과 사연과 씨름하면서도 어떻게 이렇게 태평할 수 있단 말인가?

나룻배에서 내린 화물은 물류창고에 보관했을 것이고 마구간 (차고)은 멀리 있을 수 없다. 벌써 1시가 되어 간다. 갈비탕으로 점심을 마치고 문화국장과 헤어진 뒤 갈산봉에 올라 잠시 눈 아래 펼쳐진 들을 바라본다. 영호루(暎湖樓) 옆에 한국전쟁 피학살자 비가 서 있다. 나뭇가지를 자르는 인부들뿐 고요한데 전망은 오히려 강변 공원이 훌륭하다. 가을 햇살과 푸른 물에서 헤엄치는 한낮의 태양. 이미 시계는 2시를 가리키고 있는데 모처럼 손에 든 고지도가 아쉬웠다.

그 고지도를 더듬어 조선시대의 관아를 찾아 나섰는데 이곳은 참 묘했다. 향교와 사직단은 지나온 사나사(舍那寺) 아래 고읍(古邑)인 옥천에 있고, 행정중심도시는 교통의 요지인 배산임수(背山臨水)의 아늑한 이곳 강변을 택했는지도 모른다. 읍내면은 백운봉 아래 있었다는데 아마 학교 자리가 아닌가 한다. 학생들은 축제 준비로 떠들썩하고 이곳 선생님들은 옛길에 별로 관심이 없다. 한참을 헤매서 학교 아래 군수 관사만을 확인했는데 그 집 앞을 양평역이 가로막고 있다. 온양이나 김천 등의 구읍이 철로와 떨어져 있는 것은 일본인들에게 철로가 집 앞으로 지나는 것을 허락하지 않은 탓이라는데 이곳은 반대다.

여주로! : 벌써 오후 4시. 서서히 지치기 시작하는데 철로 앞 시장터 개울에서 하교하는 어린이가 낙엽을 개울에 띄우고 있다. 종이배처럼 그 소녀는 이 배에 어떤 소망을 담아 어디로 띄워 보내려는 것일까? 우중충한 도시에서 소녀를 바라보는 것은 행복했다.

배낭을 곧추 메고 신발 끈을 조이고 시장통을 지나고 우체국을 지나고 다시 남쪽 여주로 발걸음을 옮겼다. 도서관을 지나고 양평고등학교를 지나자 다시 중앙선을 만났고 백운봉이 이틀 동안 계속 나를 따라 다니고, 들을 지나고 오르막에 이르자 농협창고 너른 광장에 동그마니 아낙네가 단감 무더기를 놓고 앉아있다. 마루턱! 주막자리로 안성맞춤인데 마침 이 트럭마트 장수도 안성댁이다. 감을 깎아주면서

"담배는 피우지 마세요. 건강에 좋은 단감을 두고!"

'평구역 말을 갈아 흑수로 돌아드니'의 그 흑수(黑水)에 낙엽처럼 해가 진다.

2005년 10월 17일 오후 5시 12분

"창원에서 밭떼기를 했는데 0백만원, 인부 사서 감 따는데 0백만원, 경비 00하고…, 일주일 팔면 또 창원 가야 하는데, 남편은 딴 자리에서 팔고…, 오늘은 영 입질이 없네요. 이 장사도 낚시 같아서 좋은 때는 오전 10시경, 오후 2~3시, 주말 그래요!"

다행히 나들이 아주머니들이 5천원짜리 감을 반 다발 산다. 나는 그냥 갈 수 없어 2천원을 주면서 커피 한 잔도 3천원인데 할아버지 복돈을 받으라 하니 빛깔 좋은 5개를 골라 배낭을 부여잡고 넣어준다.

흑수(黑水)로 돌아드니 : 이곳은 군부대가 많다. 국가기밀이니까 그냥 넘어가려는데 부대의 매점 이름 왈, '충성마트.' 정말 마트 없으면 우리가 어떻게 살까?

걷고 또 걷는데 피로가 쌓인 것일까? 좀처럼 길이 줄지 않는다. 5시 넘어 드디어 흑천(黑川). 정철이 관동별곡에서 '평구역 말을 갈아 흑수로 돌아드니'의 그 흑천이다. 우리말로는 '검은 물' 즉 '검물-곰물-감물'이니 단군시대의 왕검과 관련된 그런 곳은 아닐까? 중앙선 철도도 송강을 따라 벌써 동으로 휘어진 지 오래다.

강물은 맑고 갈대는 노을에 은빛으로 빛나는데 석양은 그 강을 안고 운다. 가을 바람은 물안개에 녹아 젖고 저녁 연기는 한가롭다. 밀레의 만종(晩鐘)이 겹쳐진다. 한참이나 다리에 매달려 그 석양을 주무르고 있었다. 이 다리는 새로 놓은 흑천교(黑川橋). 건너편에 좁은 옛길과 함께 옛 다리가 지척에 보인다. 꼭 그 길을 밟을 필요는 없다. 옛길을 바라보며 걷는 것도 즐겁다.

아직 해는 남아 있고 처지는 어깨를 '마사이! 마사이!' 구령을 하면서 마사이족 걸음 흉내를 낸다. 부드러운 오르막, 한가한 농촌. 공세리(貢稅里)〔세곡(稅穀)을 모으는 교통의 요지로 대표적인 곳이 아산만의 공세리]에 들리려 했는데 아차 하는 순간, 공세 2리. 1리는 길 아래 한강 쪽 길 위는 2리! 창고 터가 남아있고 안내문이 있다는데 길 가던 촌로는 거기 아무 것도 없다고 한다. 마을회관에서 잔다 해도 뾰족한 수가 없어 보인다. 불곡리 지나 하자포리 지나 양평군 끝자락인 개군면에 들어섰을 때는 이미 어두워졌다.

저녁 6시 반 농협마트에서 물어 알탕으로 오랜만에 알싸한 국물에 축제 때 담았다는 산수유 가양(家釀, 집에서 담근 막걸리)를 즐기면서 한 시간 여를 보냈다.

일어서고 보니 개군면인데 여주는 멀고, 인터넷도 틀렸고 길을 물어 웨이브 모텔에 들었을 때는 거의 9시가 되었다. 마침 청소하는 아줌마가 있어 옷을 벗어주고 모조리 빨게 하고 수고비로 5천원을 드렸다.

여주경계 〔8일째 10월 18일 화요일〕
깨어보니 커피도 온수기도 없고 다방 이름만 잔뜩 붙어있다. 주인 아주머니에게 물으니 1잔도 배달한단다. 그래, 짐 꾸리고 옷을 받는 동안에 시켜보니 삶은 달걀 두 개와 커피를 가져왔다.

이 작은 마을에 웬 다방이 그렇게 많은가 했더니 여자 종업원과 오토맨(배달차량)까지 중소기업 수준이다. 종업원은 토스트를 가져올까 망설였다니 이건 호텔 룸서비스 수준이다.

파사성 : 9시 정각 출발했다. 몇 발자국 떼고 보니 바로 강변음식점에 길 건너 파사성과 이포나루 안내 표지판, 그리고 '어서 오십시오! 여주!'

"어쭈! 어떻게 된 거야? 강변에서 자고 보니 여주 경계였다니!"

길 떠나기 전에 파사성에 오르라는 젊은 친구들의 분부가 있었다. 배낭을 좀 맡겨놓고 오르고 싶은데 마땅한 곳이 없다. 그냥 산길을 오른다. 입구의 표지판이 참 아리송한데 '파-사-성' 하면서 박자를 맞추며 '파사-파사' 하다가 숨이 차니까 '파르샤- 파르샤' 하다 보니 혹 또 다른 페르시아의 처용이 있었던 건 아닌가? 상상이 나래를 편다. 고도시계는 정상에서는 110m를 가리킨다. 아마 그쯤 될 것이다. 안개는 걷히지 않고 날까지 약간 흐리다.

땀을 뺄 만큼 빼니 땅에서 물이 젖어 배어나오는 것이 보인다. 옳거니! 성(城)의 필수조건은 물이다. 전라도 어느 마을에 물이 아쉬워 우물을 판 노인이 있었다. 장독에 묻어둔 돈을 꺼내 그 비싼 굴착기를 불렀는데 기사는 오르락내리락 뒷짐만 지고 점심때를 넘기니 속이 탈 밖에!

"아니 몇 백자도 판담서! 그냥 콱 뚫어뿔믄 땅속은 물인디 뭐 땀시 뜸을 들인단감. 아! 하기 싫으믄 말드라고! 돈은 한 푼도 더 안 줄 거싱께!"

주인은 문을 걸어 잠그고 씩씩거리고 있는데 해가 뉘엇해서야

기계가 돌아가고 물이 솟구쳤겄다. 머쓱해진 주인이,

"아! 거기는 지대가 높아서 물이 안 나온다고들 혔는디!"

"영감님 대그빡에다 침을 놔보슈! 피가 안 나옹가!"

전문가란 이런 것이다. 삼국지에서 위연이 물이 없는 산성에 주
둔했다가 피를 보는 대목이 나온다. 여기 지하수가 있는지 칡덩
굴 속에서 헤쳐보지는 못했다.

산성의 석축은 옛 돌과 새 돌이 어울리고 무너진 곳은 잡풀이
어우러져 어수선했지만 풍광은 아름다웠다. 여기서 가을 바람과
햇볕에 빨래를 말리고 사진을 한 시간쯤 찍거나 낮잠을 잘 생각이
었다. 옷을 널어놓고 안개만 바라보고 있는데 이포나루가 한 눈에
내려다보인다. 산보객 한두 사람과 스쳤다. 하자포리에 사는 노인
이 처음으로 내 모습을 카메라에 담아주었다. 날이 맑으면 사방이
트인 이런 장소도 드물 터인데 겨울 맑은 날에 여기 다시 올라보
기를 기약한다.

성벽을 줄자로 재보니 폭이 8~9m, 낚시줄처럼 내려보니 높이
가 4.5m로 타고 넘기 어렵겠다. 중국인들은 city를 '城市(청스)'
라 하는데 교역의 장소인 시장과 그 사람들을 보호하는 군인들이
모여 사는 곳의 인구밀도가 당연히 높았을 것이다. 이에 비해 도
시는 행정구역과 시장을 합성한 말이다.

사적 제251호인 이 성곽은 35,504㎡로 알려져 있는데 둘레는
약 1800m, 신라 파사왕(재위 80~112) 때 만든 것으로 전해진다.
이 강을 끼고 벼랑에 의지한 비슷한 지형이 경남 양산군에 신라와
가야가 다툰 국계(지금도 그 지명을 쓰는데 문자 그대로 '국가의

파사산성에서 이포나루를 굽어보는 마애불. 행인들의 안전을 기원하
는 마애불은 남한강의 뱃길따라 이어진다.

2005년 10월 18일 오전 11시 35분

경계'라는 의미다)에도 있다. 임진왜란 때는 승려 의암이 승군을 모아 성을 늘려 쌓았다고 한다. 조선 후기에 남한산성에 치중하며 파사성은 소홀히 한 것으로 보이는데 지금은 동문과 남문 터가 남아있다.

산을 돌아 내려오는데 손바닥만 한 합판조각에 마애불 화살표가 붙어있다. 어쩐지 연꽃 등불이 걸려 있더라니! 연화(蓮花)의 등불을 따라 오르락내리락 하니 염불소리가 들린다. 아주 소박한 그러나 길손의 염원을 담은 보살상은 한강을 굽어보는 약 100m의 산턱에 있는데 한강을 따라 마애불이 계속 나타나는 것은 심청의 인당수와 비슷한 염원일까? 이포나루 상인들의 여정을 지키는 어머니처럼!

조금이라도 걸음을 아끼려고 내쳐 내려오니 우습게도 어제 잤던 여관의 옆길! 또 제자리로 돌아왔다. 온 만큼 히치하이킹으로 몇 걸음 걸으니 바로 이포나루!

이포나루 : 다리 옆 수퍼에서 맥주를 한 병 사 목을 축이면서

"이 자리가 전에 주막 아니었나요? 얼마나 사셨습니까?"

"아까 산에서 봤잖아요. 그 아저씨네. 사진작가!"

강변이다 보니 수석가게가 많다. 여기저기 기울이다가 피카소의 여인을 닮은 돌을 보고 한참 웃었다. 봉진막국수인가? 원조집에서 30년 전통 강계메밀막국수를 먹고 이포대교 아래서 강둑길을 찾아보다가 탱크를 만났다. 양평휴게소 간판에 한국 최초 보잉기 카페 광고를 보고 어처구니가 없었는데 배가 산으로 가는 세상이니 '이포나룻터 장갑차 카페!' 거참, 아이디어 좋다! 그런데 알고 보

니 그건 진짜 탱크다. 김 이병과 김 하사와 농을 주고받는데,

"아이고! 이 먼지! 세차 좀 하지. 이거 굴러가는가?"

"이게 얼만데요? 30억도 넘어요."

"어! 30억? 4~5인승쯤 되나?"

"14명이 타요. 요원이 많이 필요해요."

허참 어느 세상에 다리 밑에 탱크를 세워 놓고 낮잠을 잔담! 갈대는 빛나고 모래톱은 그지없이 아름다운데 물새는 졸고 강물은 푸르다. 이 강변의 넓이는 상상을 초월한다. 엄청난 고구마 밭과 갈대밭, 그리고 여기저기 멋대로 고이고 흐르는 샛강 줄기. 건널 곳이 마땅치 않아 발을 벗고 신발을 묶어 목에 걸고 건넜는데 둑에 올라보니 지그재그 또 갈 곳이 마땅치 않다. 마음씨 좋은 20년 경력 낚시꾼 부부를 만나 이 모래톱을 드라이브 했는데 사하라사막을 질주하는 기분이었다.

여주 땅에 발을 들여놓았다는 안도감인지 오늘은 하릴없이 산에 갔다 강에 갔다 방탕한 기분이 들었다. 마음을 다잡고 다시 길에 나선다. 오후 4시에 '당남리'를 지난다. 당은 중국 선사시대의 도당(陶唐) 씨로부터 일본지명에서는 '가라쯔'라고 하여 '나라'라는 의미로 쓰이고 있다. 가야의 가락국기(駕洛國記)로부터 가라-나라(奈良)는 꾸준히 추적할 과제다. 당남리 지나 보통리는 추수와 고구마 농사로 분주하다. 길가에 여주군에서 지어준 원두막 농산물 판매소가 줄을 이었다. 도로직판의 마케팅이 제도화 되고 있다.

대신리 : 보통리에서 취객 노인의 팔에 끌려 또 사진작가 대접을 받고 해시계가 있는 영조 때 판서댁을 찍고 보니 일몰이다. 영조 29년(1753) 김영구 가옥은 사랑채 11칸, 안채 25칸으로 규모가 있는 집인데 지금 대대적으로 수리중이다. 안마당의 돌로 만든 해시계가 눈길을 끈다. 상대적으로 어둠에 깔려 쓰러지는 빈집과 슬레이트가 구멍난 폐가, 그리고 말끔히 정돈된 신축 가옥! 정체 속에서 변화하는 농촌은 용트림을 하고 있다.

가을걷이를 하고 돌아가는 농부들의 발꿈치에 그림자도 끊어진 지 오래다. 겨우 3천 걸음 걷고 대신리 읍내에 들어섰다. 지도나 정보를 얻을까 하고 면사무소에 들렸지만 별 소득이 없다. 버스터미널 앞에 택시 차부가 있는데 전형적인 시골 마을의 모습이다. 저녁으로 고등어자반을 먹고 대신리에서 전통을 자랑하는 대신장에 짐을 풀었다. 신식 모텔은 큰길 가에 있다는데 전통이라는 것이 본래 때가 좀 끼는 것이어서 목욕을 하려다 보니 욕조가 너무 그렇다. 주인은 졸린 눈으로 그래도 좀 나은 방으로 바꿔주지만 그 방이 그 방이다. 욕조의 때를 닦아내고 몸을 담갔다. 그리고 논 가운데 있는 피씨방을 찾았는데 이곳은 밤이 없다. 주인이 홉연석에 XP를 새로 깔아주어 오늘의 여정을 정리하는데, 옆 자리의 아저씨는 경운기를 몰고 와 골목에 주차해 놓고 아주 편안한 자세로 '우주전쟁'을 하고 있다.

자정을 넘기며 논에서부터 골목을 따라오는 보름달을 이고 걸었는데 이상하게 잠이 오지 않는다. 집사람이 여주로 오겠다는 전화를 받은 탓이겠지! 걷기를 시작하고 먼저 날짜를 잊고 오늘은 요일을 잊었다. 건망증(健忘症) - 노망(老妄) - 치매(癡呆)는 어떤 관계가 있을까? 하루만 메일을 잊으면 지워버린 칠판처럼 어제가 생각나지 않는다!

KBS2에서는 체코의 음악이 흘러가는데 '드보르작을 좋아하면 음악을 사랑하고 스메타나를 좋아하면 조국을 사랑하는 것'이란 다. 작곡가의 집을 지키고 있는 딸이 뜨락에 심었다는 전나무를 보며 많은 생각을 했다. 다시 MBC에서 프랑스 건축 이야기를 듣다가 잠이 들었다.

05 여주로

집 떠난 지 9일째 〔10월 19일 수요일〕

깨어보니 7시! 어젯밤 면사무소에서 친절한 아가씨를 만나 커피도 한 잔 얻어 마시고, 건네준 여주 관광지도는 조심스럽게 윗주머니에 넣었었다. 어제는 이포나루에서 주은 주먹만 한 돌들을 지고 걸었는데 무거운 줄도 몰랐다.

　대신리 읍내는 일자형 마을인데 차부(버스터미널)와 개인택시(전부 6대) 사무실–농협–면사무소–다방–약국–세탁소–대신초등학교 앞에 수퍼보다 큰 패밀리마트, 제일 큰 건물은 체육관이다. 30년 전 소사에 신혼살림을 차린 형과 과수원에서 복숭아를 먹으며 '앞으로 서울과 인천이 일직선으로 연결될 테니 너도 돈이 있으면 여기 땅을 사두렴.' 하던 일이 엊그제 같은데 그 형은 결국 워싱턴으로 떠났고 서울과 인천은 하나의 도시로 연결되었다. 그러나 이 마을은 여주와 이어질 것 같지 않다. 100m 달리기 트랙처럼 겨우 2~300m에서 끝난 소도시를 뒤로 하고 여주로 향한다. 여주는 조선시대에 여주목이고 왜(倭)의 사신(使臣)이 오면 영접을 하던 큰 도시였는데 지도에 난 37번 도로는 직선이다. 그냥 장풍교(長豊橋) 쪽으로 걷기로 한다.

안개는 걷히지 않고 길가의 정류장에는 등교하는 중학생이 이슬을 차고 있었다. 곡수천을 지나니 논 가운데 정미소가 눈에 띄는데 밤새 벼를 찧었나 보다. 가마니도 비닐로 바뀌고 얼마나 큰지 지게차가 들어 올리는데 왜 쌀 걱정을 해야 하는지 궁금하다. 어제 길가에서 '대풍(大豊)을 걱정'하는 농부의 한숨을 바라보며 대량생산과 공황의 공식과 주기 그리고 파괴로 그것을 극복하려는 보이는 손들의 음모(陰謀). 속이 불편하다.

벼 벤 자리는 가지런하다. 한 송이 하얀 코스모스가 애처롭다. 모내기를 가지런하게 하면 그 뒷자리도 깨끗하다. 내 인생은 어떤가? 첫 단추를 잘못 끼운 것인가?! 생각해보면 1만 명의 젊은이가 내 앞을 지나갔다. 그들에게 나는 단추를 제대로 채워주었을까? 금년 가을에 씨앗을, 내년 봄에 모내기를 저렇게 할 수 있을까? 어질러놓은 내 방과 서재, 그리고 인연. 결국 그 인연을 갈아엎어야 하는가? 나는 안개 속에 길을 잃어버린 사람처럼 그 자리를 쉽게 떠나지 못한다. 배낭을 지고, 한 손에 카메라를 든 채….

주막터미널 : 안개는 아직 늦잠을 자고 있고 차들의 통행도 뜸한 모퉁이에 양철집 하나! 이 집은 수퍼로 담배와 활명수도 팔고 행랑채는 농산물 가게에, 대청은 버스영업소를 겸하고 있다. 손바닥만한 시간표를 붙인 책상 하나가 터미널 시설의 전부지만 그야말로 종합상사다. 서울의 버스터미널도 은행에 커피숍에 메리어트 호텔까지 붙어 있지만 나에겐 이 컴팩트한 주막터미널이 마음에

벼벤 자리는 가지런하다. 내 인생도 저렇게 가지런히 마감할 수 있을까?

2005년 10월 11일 오전 10시 31분

든다. 후포리를 '뒷게〔개흙의 '개'가 아니고 '게'로 썼다〕'라고 한다니 갯가가 가까운 것 아니냐는 질문에 귀찮아했지만.

카메라가 말을 듣지 않는다. 가슴이 덜컥하는데 배가 고픈 탓이다. 배낭을 풀어 건전지를 바꾸고 다시 걷는다.

〈변화 하나!〉 배낭을 꾸리고 푸는 것이 이제 익숙하다. 군대에서 배낭을 꾸리지 못해 항상 동료가 도와주었었다. 이번에도 배낭을 하나 샀는데 너무 커서 집사람 배낭을 빌렸는데 알맞다. 배낭 아래 밴드가 있어 허리에 매면 편한 줄은 알았는데 가슴에도 있는 줄을 그저께야 알았다. 정말 편했다. 그물망에 물병을 넣는 것도 아주 좋았고. '자크를 꼭 묶어야지.' 한번은 짐을 반쯤 쏟았었다.

여주공영버스가 지나간다. 안개는 쉽게 걷히지 않는다. 청원도예공장이 길가에 있다. '참! 여주는 도자기 마을이지.' 나는 그릇을 좋아한다. 흙으로 구운 그릇을 더 좋아한다. 시대를 거슬러 가며 유약을 벗겨내고 오직 흙과 물레와 손때만으로 주물러진 그런 그릇을 더 좋아한다. 활활 타오르는 불길에서 건져낸 그 흙의 강인함을 더 사랑한다. 그런 소박한 그릇을 만날 때까지 나는 걷고 싶다.

37번 도로 표지판이 보이고 갈림길은 거대한 도로 공사장이다. 길이야 항상 논둑보다 높은 것은 당연지사지만 이제는 고가 차도를 거침없이 놓아 흉물스럽게 들판에서도 하늘을 가린다. 그 아래 버려지는 방앗간이 보인다. 슈베르트가 '아름다운 물방앗간 처녀'를 부를 때 시골 방앗간 주인은 부자였다. 그 노래의 고운 처녀도 지금 저 방앗간처럼 늙어갈까?

여주까지 8km : '가산리 두라리마을'이라고 새긴 빗돌을 지난다. 이런 빗돌에서 선돌시대에 자신의 마을 경계를 표시한 부족의 흔적을 본다. 차들이 막 잠을 깬 도로 위를 달리는 9시쯤 장승백이를 바라보며 천남초등학교 앞의 참샘(우물이 좋은 마을)정류장 벤치에서 물을 마시고 있는데 '때르릉─' 집사람이 여주 인터체인지에 도착했다는 전화가 울린다. 도대체 인천에서 몇 시에 출발한 것일까? 6km를 걷고 겨우 이제 8km 남았는데 마음이 바쁘다. 잠시 갈등하지만 아내를 기다리게 할 수는 없다. 이 길은 되돌아와 다시 걸으면 되니까. 신륵사 앞 향토사 박물관에서 만나기로 했는데 버스는 30분 뒤에 있다. 고개를 뒤로 돌려 택시를 찾으며 앞으로 걷는데 마침 지나가는 차가 세워준다. 결국 두 번 얻어타기를 하고 여주대교에 내리자 류주현 문학비가 있는 박물관 앞에서 두 손을 흔들고 있는 아내가 보인다.

우리는 함께 박물관을 둘러보기로 한다. 박물관은 아담했고 토기와 고지도와 동국이상국(東國李相國) 이규보와 이색의 문집 등이 전시되어 있다. 2층에 올라서며 임한강도권(臨漢江圖卷). 한강의 명승을 그린 병풍 연작 가운데 강변의 여주에서 나는 발을 멈추었다. 누각과 관아와 초가와 배가 그려진 이 그림 앞에서 나는 2백년 전으로 빨려들어 갔다. 흔히 보아오던 그림이 실감으로 다가오는 순간이었다.

여로(旅路)의 전기(轉機) : 어제 대신읍 직원들이 내 장황한 신세

트럭이 지나가는 다리가 신륵사로 이어지는 여주대교. 왼쪽 높은 건물이 여주군청인데 이곳이 바로 여주 나루터다. 다리가 생기기 전 홍수로 또 나룻배의 침몰로 강을 건너던 많은 사람이 희생되곤 했다. 멀리 이포대교가 보인다.

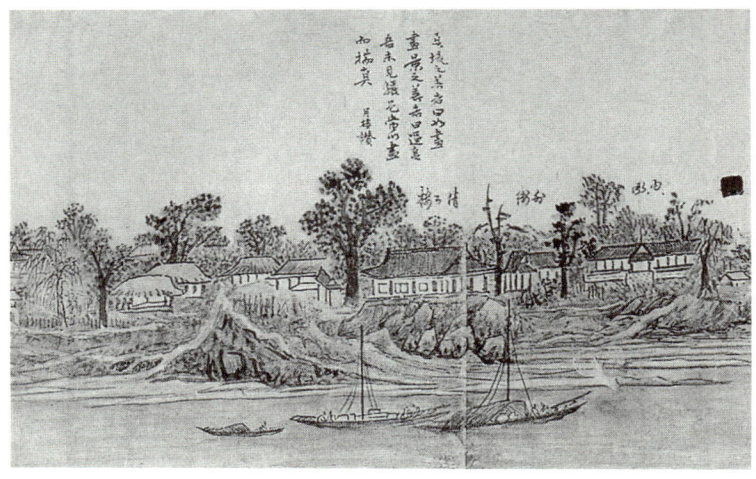

약 200년 전 1796년(정조 20년) 여주의 모습. 정수영(1743-1831)의 그림인데 오른쪽 기와집이 관아로 지금 군청에 해당하는데 이 자리가 위 사진의 현재 군청이다.

타령을 듣고 무조건 향토사료관 관장님을 뵈라고 했으니 사무실이 급했다.

여행의 전기가 되는 순간이었다. 여주의 객사를 찾는다는 설명을 듣고 젊은 학예연구사는 한참 뜸을 들인 뒤 옛 지도를 복사해 주었다. 내 행색을 보면 당연히 그랬을 것이다. 유성룡이 이여송에게 지도를 건넸다는 그 지도의 귀중함을 새삼 느꼈다. 그리고 경기도 박물관의 자료실에서 사이버 북 '한강'을 보여 주었는데 거기 나루터와 역들이 모두 조사되어 있었다. 주소와 사진, 상세 지도, 답사내용 등등. 나는 정보의 중요함을 새삼 느끼며 일주일의 일기를 태운 재를 쥐고 있는 기분이었다. 그 자료를 찾지 않은 무모함이 부끄러웠지만 헛된 걸음은 아니었다. 이 고생을 하지 않았다면 그 자료의 귀중함을 몰랐을 테니까. 한참을 멍하게 있다가 겨우 정신을 차리고 도자기를 전공한다는 구본만 연구사의 도움으로 여주 부분을 복사하고 메일 주소를 주고받았다.

신륵사 가을 강변 : 집사람도 나도 아침을 걸렀는데 벌써 12시가 되어간다. 신륵사 앞 유원지의 텅 빈 대궐같은 음식점에서 더덕구이를 시켜놓고 동동주를 들이키고 유리창으로 스며드는 가을 햇볕으로 등을 데우며 나른함을 즐겼다. 나른한 그만큼 청명한 가을! 이제는 배낭도 땀에 밴 내 등을 벗어나 자동차 뒷좌석에서 낮잠을 즐긴다. 우리는 가을 하늘을 우러러 보고 갈대를 쓰다듬으며 와디가 되어버린 강변을 거쳐 자갈밭에서 차를 마시고 과자를 먹고 그렇게 한강에 발을 적셨다. 신륵사의 절벽을 절세의 명화 삼아 병풍으로 펼쳐놓고 장대한 산수화를 감상하면서.

신륵사의 가을 강변. 아직 갈대꽃은 피지 않았다.

2005년 10월 19일 오후 1시 57분

가을 해는 짧았다. 강변의 샤인빌 모텔에서 컴퓨터가 있는 방을 구해 인터넷을 점검하고 짐을 풀어 집사람이 빨래를 하는 사이 나는 한참이나 늘어졌다. 야구를 중계하는 TV는 켜놓고 저녁밥은 배달하게 하고 사진을 외장하드에 넣고 배터리를 충전하며 창밖의 야경을 응시하다 복사해온 자료를 들추며 잠이 들었다.

남한강의 나루터 〔10일째 10월 20일 목요일〕
늦잠을 자고 펼쳐진 지도를 살피며 자료를 읽다보니 양근에서 여기까지 나루터가 여럿일 것이라는 생각이 들었다. 북경의 천안문에서 100km 서남에 굽이굽이 아름다운 강이 돌아 흐르는데 나루마다 1渡-2渡-3渡로 이름을 붙여 십도(十渡)라는 명승지가 되었는데 여주의 나루터에도 1진(津) 2진(津) 순서대로 번호를 매겨보기로 했다. 편의상 신륵사 쪽은 북(北)-군청 쪽은 남(南)이라고 하고 자세한 설명은 경기도 홈페이지-박물관 자료실-사이버 북-한강에 접속하면 궁금증이 풀릴 것이다.

1) 이포(南)-파사성 아래 지금 이포대교 자리
2) 찬우물(南)-양촌리 마을(北)
3) 양화(南) *〔양화역-표지비석〕- 초현리 마을(北)
4) 사창골(北)-
5) 사비(北)-
6) 여주(南)-학동(北)
7) 조포(潮浦)(北)*참사가 있었던 곳

8) 이호(北)-〈舊地圖: 蛇村津 이호대교〉

9) 신진(南)-*〔신진역〔5〕과 함께 있다〕

10) 부라우(南)-

11) 우만이(北)-

12) 흔바위(南)-

13) 창남나루(南)-

한강의 4대 나루를 마포-광나루-이포-조포라고 하는 모양인데 여주에 그 이포와 조포가 있다. 말하자면 '한강선(漢江線)'의 특급항구라고 할지? 그러나 대동여지도의 여주 부근에는 양화나루만 표시되어 있고 신진역을 거쳐 충청도의 목계로 직행하게 되었으니 삼대니 사대니 하는 것은 편의상 그럴 뿐!(특히 사대성인이 그렇다) 어느 하나 귀중하지 않은 것이 있으랴? 사비, 부라우 등의 지명은 어쩐지 백제를 연상케 한다.

이제 나의 옛길은 물길이 되어버렸다. 나룻배가 있다면 그냥 앉아있으면 되는 곳을 걸어왔고 또 걸어갈 것이다. 한강과 낙동강을 생각하면 중국의 황하와 양자강이 떠오른다. 나는 가끔 역사를 유목민족과 농경민족의 두 그룹으로 나누어 보는 것을 즐기는데 인류의 생활양식을 이동과 정착으로 요약하고 싶기 때문이다. 항상 일을 저지르는 것은 이동민족이다. 로마제국과 이슬람 칭기스칸 등등…. 길은 그런 이동의 교류와 침략의 복합적 의미도 피할 수는 없다.

드라이브 길찾기 : 지도를 정리하고 나니 배가 고프다. 404호인

여관의 창문에서는 정면으로 남한강이 보이고 왼녘 동산으로 영
월루가 보인다. 강 건너엔 숲이 울창[여주팔경인 팔수장림(八藪
長林)]하고 일성콘도가 우뚝 솟아 나를 노려보고 있다. 나는 오늘
하루 더 묵기로 했으니 아내와 가벼운 차림으로 집(하루만 자면
여관이고 하루 더 자면 집 같은 생각이 드는 것은 왜일까?)을 나
선다. 문을 나서니 바로 공원입구다. 오르막에 선정비들이 있는데
연대순으로 해설을 덧붙여 알기 쉽게 정리되어있다. 현충탑을 지
나니 조포나루가 한눈에 들어오고 날씨는 그지없이 맑다. 신륵사
에 울리는 저녁 종소리 운운의 여주 팔경이 있는데 이 자리에서
그 팔경의 절반은 보고 느낄 수 있다. 영월루(迎月樓)의 현판은
동창(東滄) 원희충(元喜忠)이 썼는데 정성이 느껴진다.

　J의 소개로 청심장에 가서 갈비를 먹고 은행에서 돈을 찾았다.
그 친구 말대로 내 취미에 맞는 식당을 오랜만에 찾았다. 군청에
들러 행정지도를 얻었는데 5만분의 1로 12만분의 1인 내 지도책
과는 비교가 안 된다. 군청 뒤뜰이 바로 여주나루인 것도 여기 들
린 이유 중 하나였다. 나루터의 흔적은 없고 두루미 한 마리가 부
리로 제 목을 쪼면서 목을 길게 뻗는다. 그 부리가 효자손이다.
텅 빈 선창에 주저앉아 커피를 마시며 지도를 훑어보니 주막거리,
사창(司倉) 등의 이름이 자주 눈에 띈다.

양화나루 양화역[4] : 차를 몰고 북쪽으로 강을 거슬러 문익점의
매산서원에 잠시 들린다. 이화벽돌공장 지나 막다른 마을은 가을
걷이가 한창인데 집사람이 단원이나 혜원의 풍속도를 생각하면
좋으련만 고흐와 밀레를 들먹인다.

"저 나루터 건너의 산은?"

"바로 앞은 정상에서 7개 읍이 보인다고 칠읍산(七邑山)이라고
도 하고, 추읍산(趨揖山)이라고도 하지요. 저 멀리 왼쪽은 용문산
오른쪽은 소머리 같다고 우두산."

"이곳은 수억년 전에 화산으로 된 땅이래요. 그래서 20미터를
파도 황토지요. 요즘 양수기 덕으로 농사를 짓는데 밤고구마가 유
명하지요."

지구는 불을 품고 물을 안고 살아가고 있다. 마치 사람이 정열
과 홧병을 품고 싸늘한 현실의 바람을 안고 살아가듯이.

"저 둑은 옛날엔 없었지요. 홍수 때문에 쌓은 것이지(그 높이는
절벽처럼 높다) 내가 자갈 채취를 해서 강이 깊어지고 넓어졌지
요. 큰물 지면 뗏목이 밀려 멍석을 말 듯하고 겹치면 돼지우리 같
다고 소리치곤 했대요."

"여기는 양화천과 합해져 경치가 끝내줘요."

나루터에는 느티나무가 석양을 안고 눈부시게 서 있다. 그리고
'양화나루'라는 표석이 하나! 나는 그 표석을 유심히 본다. 오빈에
서부터 길이 어긋났는데 이 부근이 양화나루 겸 양화역일 것이다.

대동지지에는 여주의 서쪽 25리에 있고 중등마 5필, 하등마 1
필, 역리 18인이 있다고 적혀있다.

그렇다면 봉안-오빈을 지나 강을 건너 이곳 양화 그리고 신진
과 안평을 거쳐 충청도 땅에 닿을 수 있을 것이다.

사진 중앙의 잡목림이 띠를 두른 곳이 한강수역이고 전면엔 홍수로 범람하기도 하지만 옥토가 펼쳐져 온갖 먹거리가 자란다. 수억 년 전에 솟았다는 칠읍산의 원만한 봉우리가 흐린 청색으로 보인다. 이 강가 느티나무 옆에 양화나루 비석이 있다.

2005년 10월 20일 오후 4시 22분

마애불 : 벌써 해가 기운다. 찬우물나루는 포기하고 강변도로를 따라 이포나루 가까이 돌출한 절벽에서 마애불을 본다. 부처님은 바로 서 계신데 복하천 강물은 그 발치를 파고든다. 이 또한 남한강과 복하천이 모이는 두물머리로 물살이 세고 모래톱은 그만큼 아름답다. 그 부처는 이 강을 지나는 사공들에게 경계와 용기와 신념을 불어넣었을 것이다. 노을이 비끼면 그 옥안은 등대처럼 빛났을 것이다.

이포대교를 지나며 집사람에게 어제 내가 걸었던 길을 이야기해 준다. 파사산성 모퉁이에서 차를 세워 기어이 피카소의 여인상을 닮은 수석을 샀다. 아내는 어제는 절대 그런 무거운 것은 지고 다니지 말라고 야단을 하더니 오늘은 그냥 웃는다. 먹고 싶다는 봉진네 강계 막국수 집에서 비빔과 물국수를 시켜 나누어 먹을 때 이미 해는 기웃하다.

우리는 석양을 헤드라이트로 지우면서 모텔로 돌아왔다. 짐을 꾸리는 아내와 등을 지고 애써 지도만 본다. 둑길을 따라 신진역, 신진나루, 인가는 몇 채 없는 안평역, 그러면 강원도와 충청도의 경계! 그리고 가흥의 목계장터.

아내는 여관비를 계산해주고 빨래를 정돈하고 과자를 챙겨주고 떠나면서 눈시울이 젖어 한 마디 한다.
"이 나이에 우리가 왜 이렇게 살아야 하느냐고?"

06 부라우나루와 우만이나루

여주를 떠나며 : 또 날짜를 잊었다. 구문(舊聞)을 보고 추산하니 21일 금요일인데 컴퓨터 앞에서 7번째 메일을 쓰고 있다. 날이 흐리다. 한강이 멈췄다. 창밖에 팔수장림 그 검은 숲을 빼고는 하늘도 강도 회색! 멈춰있다. 빗소리도 빗방울도 없다. 종소리도 들리지 않는다. 릿츠 몇 조각, 사과와 우유를 마시고 일회용 커피도 뜨거운 물에 타서 마셨다. 부은 다리는 잘 풀리지 않는다.

금요일 오후 : 메일을 보내고 이런저런 생각을 하다가 막 낮잠이 들었는데 집사람이 안부전화를 한다. 분부대로 해장국을 시켜먹고 어질러진 짐을 꾸리고 나니 2시 정각! 안개는 초겨울 비가 되어 유리창을 타고 흐를 뿐 소리가 없다. 창밖은 한강도 하늘도 모두 잿빛! 말도 없고 표정도 없다. 그 회색이 스멀스멀 형체도 없이 스며들어와 나를 휘감고 마치 담배연기처럼 내 육신을 창밖으로 끌어내는 듯하다. '우울한 일요일(Gloomy Sunday)'라는 노래가 있었고 또 그 노래로 영화를 만들었는데 우리 시대에는 그

노래를 즐겨 들었었다. 지금 그 노래를 들을 수 있다면 차라리 위로가 될 텐데…. 하루 더 이 여관에서 쉬고 싶었지만 갑자기 밤에 떠나고 싶으면 그것도 감옥처럼 정말 견디기 어렵다. 그래 떠나기로 한다.

목적지는 어제 도상연습(圖上練習)한 대로 안평역 부근까지 한 걸음이라도 더 걷는 것! 이제 원 계획과는 약간 어그러진 서울에서 부산까지 31역 가운데 서울 세종로 도로원표에서 1)평구〔구리시〕 2)봉안〔남양주시〕 3)오빈〔양평〕 4)양화나루 5)신진〔여주〕 6)안평〔여주〕 7)가흥〔충청북도〕. 이런 순서다.

신진리가 고향이라는 주인아줌마는
"어머! 거기까지 걸으려면 40분은 가야 하는데?"
"안평역은?"
"또 두 시간은 가셔야죠!"
나는 고개를 끄덕인다. 도합 세 시간. 젊은 사람들의 거리시간에 곱하기 3을 하면 내 체력에 맞는다는 것을 나는 대충 알고 있다. 우산을 펼쳐들고 걷다가 갈림길에서 그냥 조포나루를 바라보며 둑길을 걷는다. 실비에 젖고 있는 나루터의 수양버들은 병풍 밖으로 산책 나온 동양 산수화 그대로다.
신발을 풀 이슬에 적시며 다가가니 도랑물이 한강과 어울리는 곳에서 물오리들이 헤엄치고 있다. 찰칵! 길은 끊어져 추수가 끝난 밭고랑을 가로질러 둑에 기어 붙어 큰길에 올라보니 원주로 가는 아스팔트길이 시원하게 뚫려있는데 이것이 오히려 옛길이다. 그 길은 버리고 강변유원지가 끝나는 곳에 일직선으로 둑을 따라 원근법도 필요 없이 끝없이 펼쳐진 도라지 꽃밭을 계절을 잊고 따라 걷는다. 한강은 끝없이 흙을 실어 날라 인간에게 얼마만한 은택을 베푸는 것일까? 유역면적이 26,018㎢(우리 국토는99,900㎢)로 한반도에서 압록강·두만강 다음으로 넓고, 유로연장은 497.25km으로 압록강·두만강·낙동강 다음으로 길다.

한참을 걸었다. '참'은 한자로 '站(zhàn)'인데 문자 그대로 '잠깐 선다'라는 뜻이다. 어떤 국어사전은 '한참, 두참, 새참' 등 일하다가 먹는 음식[간식(間食)]으로만 정의하고 있다. 중국에서 기차를 화차(火車)라고 하는 것은 상식이지만, 북경역은 북경참[베이징짠]으로 역이라는 뜻이다. 역은 하루거리, 참은 고려와 조선시대에 공문전달과 나그네의 편의를 위해 역(驛)과 역의 중간에 설치했던 시설이다.

그 '한참'을 1시간 걸으면 쉬려 했는데 강변모텔은 커녕 인가도 없고 원두막도 없고 그 흔한 수퍼는 더더구나 없다. '신진리, 신진리' 하고 걷는데 갈대숲에 주차된 연인들의 짚차에서 입김이 모락모락 피어오르는 것이 솜사탕처럼 사랑스러웠다. 그 다리 앞에서 가스점검을 하는 노랑점퍼를 입은 젊은이가 친절했다. 내 지도를 보면서

"아! 여기는 신진리가 아니고 연양리에요. 아! 이 나루요? 저 다리가 이호교. 저 다리 건너면 목아박물관이죠! 저기 나룻배가 한 척 보이죠. 저기가 바로 이호나루! 조금 더 가셔야 해요."

품속에서 카메라를 꺼냈는데 안개를 찍는 것인지 나루를 찍는

부라우나루. 비내리는 가운데도 역시 한강 나루 가운데 제일 아름답다는 말이 실감난다. 강심이 깊은 쪽으로 배를 대기에 쉽도록 나루터를 잡았다.

2005년 10월 21일 오후 4시 3분

것인지.

이호다리 밑의 교각은 나의 안식처. 잠시 우산을 접으며 '왜 거지들이 다리 밑에 사는가?' 내 처지와 비교해본다.

1) 건축의 편의 : 기둥 네 개와 지붕공사가 완료되었으니 건축비가 저렴하다. 여름에 커튼만 들치면 에어컨도 필요 없다.

2) 출근의 용이 : 슬라브 지붕이 영업장소다.

3) 경제적 이익 : 통행인이 반드시 지나야 하니 목이 좋고, 일터가 가까워 24시간 영업하면서 세금도 없다.

4) 경관 : 강변은 자연 그대로의 아름다움이다.

그렇지만 선죽교에 생각이 미쳐 사람 많이 지나는 곳에서 보란 듯이 길목을 지키던 무리를 생각하면 가슴이 서늘해진다.

베니스의 레알토, 피렌체의 베키오 다리에는 지붕이 있고, 가게가 즐비하다. 구리시의 육교에도 행상이 많았는데 목이 좋다는 그 길목, 맥도날드는 그 목으로 자본회전의 상술을 발휘하고, Y선생은 '메디슨 카운티의 다리'를 혹평(酷評)하셨지만 나는 그 이야기에서 미국인의 정서를 느낀다. 미라보의 다리, 퐁뇌프의 다리, 그리고 엘리엇의 런던교. '비비안 리'였던가? 타워 브릿지, 레마겐의 철교…. 우리나라에는 비내리는 영동교, 그리고….

부라우나루와 신진역[5] : 채 담배가 다 타지 않았는데 이 다리의 연상은 끝나지 않고 나는 또 우산을 펴든다. 집 떠난 지 열하루만에 처음 비를 본다. 길은 오직 일직선. 말 없는 한강을 왼팔로 안고 그 싸늘한 여인을 애써 달구면서 그렇게 걷는데 갑자기 수려한 산봉우리 위에 솟은 고래등 같은 기와집! 혹 대순진리교의 교당이 아니었는지. 강가엔 취수탑이 있었고 그 둑에서 벗어나자 마을버스정류장의 정자나무는 너무 아름다웠다. 그 그늘 아래 비를 피하며 배낭을 벗고 물과 과자로 피로를 풀다 보니 표지판에 왼쪽은 신진리, 오른쪽은 우만리 그리고 이곳은 부라우(단현리). 멀리 역이 있었다는 신진 마을이 보이는데 날은 짧고 망설여진다. 여지도서에는 여주 동쪽 15리에 있으며 상등마 1필, 중등마 4필 역리 22명, 남자노비 12명, 여자노비 2명이 있다고 했다.

마침 지나가는 김영일(이화농산-버섯직매장) 씨를 만났다.
"영월에서 오는 배들이 이 부라우나루에 머물렀는데 한강에서 제일 아름다운 나루라고 했지요. 바위와 느티나무 지금도 그대로 있어요. 민 참판댁 99칸 집터도 그대로 있고. 사공들은 새벽에 떠났는데 마포까지 11시간. 맞잖아요! 새벽에 떠나면 오후 3~4시. 옹기, 나무, 쌀, 새우젓 등을 싣고 다녔지요. 뗏목과 돛배가 있었고 사공은 3명. 올라올 때는 바람을 이용해 돛을 올리고. 키를 잡고 삿대 젓고 어깨에 밧줄을 메고 끌기도 하고. 그 때는 90호에 주막 10여 채. 색시도 두셋씩 두고. 지금은 40호 남짓. 참! 돌아 나올 때는 이 길로 와요! 그리고 우만이 나루에 가면 수퍼를 찾아요."

"영월! 500년 전에 왕방연을 대신 울어주던 그 한강의 여흘!"

바베큐를 즐기는 강변의 신축 호화별장을 지나니 과연 느티나무와 나루는 천년의 연륜이 있었다. 나무의 신성함! 일본의 신사에서 보던 삼나무와 단군의 신단수를 상상케 하는, 그리고 그 나루는 한강의 절경이었다.

우만이나루의 사공 : 결국 신진역은 먼발치에서 보고 나루터 순례로 마음을 바꾸고 되돌아 나오면서 길인 듯해서 밭둑을 걸었다가, 포크레인이 엎어놓은 그 유명한 진흙(수억년 전에 바다가 솟구치며 뿜어냈다는)에 빠져 고생을 했다. 길이 아니면 가지를 말라! 겨우 아스팔트에 올라서 드문드문 고인 물에 신발을 닦아가며 걷는 실비의 강둑길. 이 길은 정말 걷기에 좋다.

오직 저녁 끼니를 걱정하며 또 한참을 걸었다. 저 멀리 우만이 마을! 김영일 씨가 무조건 수퍼를 찾으랬는데 물어볼 것도 없이 이 마을 유일한 가게였다. OB라거! 한 캔으로 목을 축이고 우산을 접고 배낭을 풀어놓았더니 뜻밖에 이 집이 바로 사공의 집이었다. 물론 그 아줌마는 시집와서 사공의 아내가 된 것인데 고스톱을 치고 있는 옛 사공을 꼭 필름에 남기고 싶었지만 손사래를 치는 까닭을 알 만했다. 강바람과 따가운 햇살 탓이었을까? 동자가 없는 흰자위는 나를 슬프게 했다. 아줌마는 대신 이야기해주었다.

"배 부리는 품이 농사보다 좋았으니까. 1년 일하면 샀은 마을에서 주고(연봉인가?). 나룻배하고 '걸르'(작은 배. 거룻배가 아닌지?)가 있었지요. 큰 배는 여기서 저기까지(종잡을 수 없다). 2~30명이 탔어요. 저기 느티나무. 비석이요! 그냥 벤치만 몇 개."

날은 빗속에서도 어두워가지만 그 범상치 않은 느티나무는 밤도 겨울도 물살도 두려워하지 않고 거기 서 있을 것이다. 배낭을 잠시 맡겨두고 느티나무가 내게 걸어오는 것을 보았다. 나루의 흐름은 떨리듯 부드러워 손바닥만 한 배를 띄워보아야 겨우 낙엽의 요람 같은데. 그 고요한 물결을 하염없이 바라본다. 눈을 들어보니 영동고속도로의 다리가 반공에 걸려있다. 거의 어김없이 나루에 다리가 대신하는 그 이유를 나름대로 풀어보시라! 마을 사람은 통로를 잃은 야생동물처럼 강 건너의 인연을 묻고, 꼭 가야만 한다면 ㄷ자로 돌아 다리를 건너야 한다. 이들에게는 오히려 그 거룻배의 시절이 더 문명의 계절이었다. 다리 위의 차는 밀리기 시작하고 밀려서도 '정체' 붉은 글자가 선명한데, 퇴근시간 겨울 해가 짧으니 결단을 내려야 하지만 잘 곳은 없다.

흔암나루 : 이호, 신진을 지나치고 부라우, 우만이나루를 지나 남은 것은 흔바위지만 비오는 날 저녁은 벌써 어둡고, 아까부터 내 이야기를 듣고 있던 젊은이는 점동에 여인숙이 하나 있다고 한다. 또 다른 모텔은 한참 가야 하는데 여인숙이라도 새로 지어 방마다 목욕탕도 있으니까 근방까지 모셔다 드리겠다고 한다. 농사를 짓는 모양인데 정말 번쩍번쩍한 싼타페를 몰고 있다. 이 시간에 이런 행색을 하고 그런 호의를 거절하기에는 말이 궁색하다. 그냥 밝게 웃으면서,

"6km 정도라면 그냥 걸어가지요!"

육교를 지나니 흔바위 1km라는 표지판이 나온다. 흔바위(흔암리) 마을에 들어서자 시내버스가 지나가고 암흑! 밤은 너무 빨리 다가왔다. 이제는 원두막이라도 있으면 그냥 자고 싶다. 마을회관에서 자볼까 하고 기웃거려 봤지만 암흑! 길가에 흔암리 선사유적지. 카메라의 프래쉬도 터지지 않는다. 어딘가 자동차가 지나가는 길이 있겠지 하고 계속 걸었더니 갑자기 절벽과 한강!

가을 저녁 비에 젖고 있는 우만이나루. 오른쪽 영동고속도로가 생기면서 이 나루는 생명을 잃었다. 오직 그 시절을 알고 있는 것은 당산나무와 지금은 삿대를 놓은 사공뿐인데 그는 말을 하려고 하지 않는다.

2005년 10월 21일 오후 5시 16분

나-는-돌-아-나-왔-다-어-둠-속-으-로….

그리고 걸었다. 한 걸음 또 한 걸음. 멀리서 돌아나가는 마지막 마을버스의 불빛은 어둠에 덧칠을 하고 전신주는 사람이 걸어오는 환영을 만들었다. 활처럼 휘어진 길. 여인의 가슴을 닮은 언덕을 오르고 내리고 나니 들판의 바람이 차다. 이상하게 오히려 마음이 편해졌다.

소나무 숲에 안긴 언덕을 넘자 일직선의 대로에 드디어 자동차의 불빛이 반딧불처럼 보인다. 내가 왜 '주막의 등불'이라는 화제를 들고 나왔을까? 들판을 가로질러 물웅덩이에 빠지면서 농로를 지나 동산에서 뒤로 잘못 갔다가 겨우 큰길에 올라섰는데 그 길도 들판의 한가운데였다. 오두막 주인이 개 짖는 소리에 문을 열고 길안내를 해주었다.

점동의 주막 : 불빛 없는 농로를 한참이나 걸어 드디어 큰길(37번 도로)에 올라 자동차의 소음을 즐기며 반대방향으로 걸었더니 마침내 '하얀집' 오리고기집이 보인다. 밥 먹고 돈은 줄 테니 좀 재워줄 수 없느냐고 했더니 고개를 가로저으며 정류장이 바로 앞이란다. 타고 보니 한 정거장! 점동 읍내에 하나밖에 없는 길손여인숙은 몇 걸음 앞인데 술에 취해 잠들었던 주인은 눈을 비비며
"어쩌나? 공사판이 벌어져 방이 없는데…."
궁전 모텔에 가보란다. 버스는 10시까지 있다면서 런닝바람으로 '노인네'를 노인네가 걱정해준다. 여관이 있다는 것도 알았겠다! 혜성식당에서 된장찌개를 시켰는데 음식이 정갈하다. 밥 한

공기를 깨끗이 비웠다.

건너편에 소주 한 상이 벌어졌는데 시계는 겨우 8시. 다섯 시간 남짓 12km쯤 걸었을까? 옆자리 소주 한 상과 잡담.

"여기 주막거리라는데 혹 지금도 주막이 있습니까?"
"길이 넓어지며 물러났는데 저기가 바로 주막이었지요."
나는 용수철처럼 일어나 문을 열고 방이 없다던 은성여인숙 앞 그 불 꺼진 주막을 바라보았다. 한참이나! 이것이 내가 본 첫 번째 주막자리였다.
"어! 거! 문 닫은 지 여러 해 됐수다. 아니 모든 것이 개발되는데 왜 옛날을 찾아다니우?"

설왕설래(說往說來)….

"이곳은 내가 평생 살아봤지만 홍수, 우박 등 재앙이 없어요. 치악산 아래로 안성, 일죽, 여주가 그런데 강 건너 대신, 양평은 우박이 내리고 강원도는 자갈땅이라 논농사도 안 되는데 여기 쌀은 알아주잖아요."
"추수는 했습니까?"
"오늘이 내 차롄데 비가 와서 내일도 틀린 것 같은데…."
"쌀은 잘 팔립니까?"
"음! 대왕표라! 임금 위에 대왕이 있었습니까? 대왕표라! 이천 쌀이 임금님표를 먼저 하니까 할 수 없이 여주 쌀은 대왕표라!"
"임금님표를 뺏겼으면 진상미(進上米-그런 상표를 대신리에선가 본 듯하다)라고 하면 어떻습니까?"

　브랜드 이야기였는데 세종대왕은 여주에 능이 있는데 같은 경기도 쌀이면서 이천이 먼저 임금님을 들고 나와 홍보에 소홀한 군청을 탓하는 소리였다. 이 브랜드 덕에 요즘 밥냄새가 구수한데 농부들은 노고가 많다,

　"내일 국궁장에 가보시면 옛길을 이야기해 줄 노인이 있어요. 학식이 높으신 분인데 그 분은 이발하시는 날이 정해져 있는데 내일이 바로 그날이니 이발소로 가면 틀림없이 만날 거외다."

　비는 그쳤다. 차부에서 택시를 타고 그 논 위에 서 있는 궁전모텔에 내렸는데 방에 '고스톱'을 치다가 만 컴퓨터가 있었다. 초고속인터넷이 되는.

점동면사무소 〔10월 셋째 토요일〕

아침에 깨어보니 8시! 햇살이 너무 눈부셨다. 새벽 두시까지 사진을 정리하고, 메일을 반쯤 써서 저장해놓고 아침에 마저 써 보내고 떠나려 했는데 컴퓨터를 켜보니 바탕화면의 파일이 온데간데 없다. 어느 PC방에서 사진은 10장 미만, 저장은 '내문서'에 하라던 말이 생각났다. 서비스업체의 말로는 컴퓨터가 느려진다고 손님의 작업은 자동삭제 장치가 되어있단다. 할 수 없이 하루를 더 머물기로 작정했다.

　이발소에서 옛길 이야기도 들을 겸. 필기도구와 카메라만 들고 모텔 앞에서 손을 들어 농기계 사업하는 아저씨의 누비라를 얻어

타고 37번 도로를 누비면서 어제의 장소로 돌아왔다. 이발소는
붐볐고 노인들은 고구마 캐러 가셨다니 틀렸다. 어젯밤 헤맨 흔바
위나루에 가볼까 하고 버스를 타려다가 면사무소에 들렀는데 뜻
밖의 수확이 있었다.

　토요일 휴무라는 것을 또 한번 실감했는데 사회복지 담당 추
사 여사(이름이 김정희니까!). 두 아이의 어머니인 김여사는 서
고에서 군지(80년대 발간본)를 갖다주고 인터넷을 검색하라며
자리를 만들어주었다. 축산담당 이종은 씨도 거들어준다.

　점동면은 오갑산을 진산(鎭山)으로 청미천이 돌아들고 남한
강의 은택을 입은 교통의 요지, 여주군 10개면 가운데 하나로 29
개 리로 이루어졌다. 면사무소 앞 이 주막거리에서 남으로 충주
시, 동으로 원주시, 서로 이천, 북은 여주읍으로 통한다. 점동면
은 안평역과 흔암나루, 남창나루의 1역 2나루, 선사유적지가 자
랑이고, 강원-경기-충북의 삼도가 만나는 삼합리(三合里)도 있
다. 삼도 체육대회(강원도 부론-경기도 점동-충청북도 앙성)도
하지만 남한강에 변사체가 떠오르면 작대기로 서로 밀어 면피도
한다는데. 복숭아, 방울토마토, 쌀, 고구마 등이 생산되는 청정
마을.

　버스를 타고 흔암리로 가려 했는데 이종은 씨의 호의로 함께 간
짜장을 시켜먹고 그의 봉고를 타고 어젯밤 어둠 속에 헤맸던 길을
되돌아갔다. 무엇이 나를 여기 하루 더 머물게 했을까? 날아가 버
린 메일 탓일까? 밤중에 길을 잃었던 흔암리의 흔바위와 선사유
적지 때문일까?

흔바위나루 : 밤비 속에서 보았던 인적이 끊기고 등불이 꺼진 마을과 초겨울 햇살 아래 마지막 가을걷이하는 활기찬 마을은 매우 달랐다. 더구나 이 마을의 집들은 1972년 수해 때 나루터에 옹기종기 모여 있었는데 수몰되어 나루터에서 200미터쯤 뒤 높은 곳으로 물러앉았다니 좀 자세히 들여다보면 나루마을의 모습을 관찰할 수 있는 절호의 장소다.

물어 물어 박상옥 씨 댁을 찾았는데 출타중이고 길에서 만난 아주머니(58세)가 뱃사공은 이수명 씨였는데 돌아가셨다고 한다. 모두 전설이 되어가고 있다. 1950년대에 뗏목을 보았는데 온 강이 나무로 덮인 것 같았단다. 마을 나룻배에는 소를 싣고 강 건너 땅콩밭을 갈러 다녔다는데, 주말을 이용해서 고향에 들른 표건섭(오산소방서 청학파출소장)씨는 사람이 많으면 소를 내려 나룻배에 묶어서 끌고 갔는데 소는 헤엄을 잘 쳤단다. 이 주사도 소가 헤엄을 잘 친다는 이야기를 들었다고 맞장구를 친다. 중국에도 흑우(黑牛)가 헤엄치는 그림이 많다.

어렸을 때 다슬기가 많아 쓸어 담아 삶아 먹었는데 이 마을서만 '베틀조개'라고 부른다. 김여사의 고향인 김천에서는 '베토리'라고 한다는데 흔암리와 도리(행정지도에는 되래)에 지금도 다슬기가 많단다. 금사면(이포나루 천양 수부촌 부근) 다슬기 해장국집에 가면 아욱 넣고 끓여주는데 개운하다고.

홍수이야기 : 표건섭 씨는 나루터에 20여 채의 집이 경사를 따라 옹기종기 모여 있었는데, 1972년 700mm의 홍수로 모두 수몰된 이야기를 들려준다. 반쯤 물에 잠긴 비교적 높은 곳의 집들도 하

룻밤 지나면 기초가 물에 불어 있다가 물살이 휘돌아 나갈 때 기슭을 따라 마을을 한 바퀴 휘익 돌고 여주 쪽으로 떠내려갔다고 한다. 한 집, 두 집, 차례차례 4채가 떠내려가고 마지막으로 제일 높은 표소장 댁의 행랑채가 떠내려갔다고 한다. 물 나간 자리에서 구들장만 빼서 옮겨놓았는데 이 돌이 한국인의 주거 생활에 얼마나 소중했는지 새삼스러웠다. 저 홰나무 가운데까지 물이 찼다면서 손가락으로 그 가지를 가리키는데 믿어지지 않는다. 또 이주한 새집의 주춧돌 아래 아직 벼를 수확하지 않은 논에까지 물이 찼다는데 어이가 없었다.

양수리에서 마을 주민 모두 다리 위로 올라가 헬기로 구조되었다는 그 수해. 그리고 이포나루에 말라죽은 은행나무도 그때 물에 잠겼다는데, 수해의 전설은 아마도 강을 따라 강화도까지 이어질 것이다.

지금껏 배의 크기나 이용 상황 등이 아리송했는데 적어도 다음 비극의 보도는 40년 전의 실상을 방증(傍證)한다. 그리고 내가 지나온 그 여주대교가 어떻게 세워지게 되었는지도 알 수 있다. 그때만 해도 신륵사에 소풍 가던 학생들은 나루를 이용했던 것인데 정원의 두 배를 싣고 배를 운행했던 것이다. 수재만 아니라 인재 이야기도 이 강에 서려있다.

조포나루의 참사 : 1963년 10월 23일 오후 2시 50분 여주에 수학여행을 왔던 안양 홍안국민학교 5, 6학년생과 교사, 학부모 등 137명이 신륵사에서 여주 쪽으로 건너오던 중 침몰하였다. 49명

이 사망하였는데(남학생 19명, 여학생 22명, 교사 및 학부모 12명) 사고 원인은 70명 정원인 배에 두 배의 사람이 탄 것이었다. 배를 밀던 모터보트가 본선과 분리되며 중심을 잃고 한 곳으로 쏠리며 전복된 것인데 사인은 차가운 물로 인한 심장마비였다. 여행을 떠나지 못한 육십 여 명의 학생들은 120원의 교통비가 없어 오히려 살아남았다. 어느 정도 수습이 되자 생존자들은 추위에 떨며 백사장에 뉘어져 있는 시신들을 보았다. 학교에서 합동장례식을 치르고 현재의 포일 아파트에 자리한 산에 합동묘지를 만들었다. 여주군은 오갑산을 매매하여 이 사고를 마무리하고, 여주대교를 세웠다.

흔바위 : "흔바위는요? 바위가 흔하다고 흔바윈가요? 흔(欣)은 기쁘다는 뜻도 있는데!"

"논에 있었다는 –아 그 하얀 바위 말이요? 캐다가 버렸어요."

"……."

이곳은 선사시대의 유적지가 있다. 마을이름도 '흰바위' 라면 그 돌은 신성의 대상이었을지도 모른다. 아니, 최소한 이 마을의 상징으로 이름이요 역사가 아니었던가! '희다' 는 '해' 에서 파생했다. '백일의산진(白日依山盡)' 이라는 유명한 시구가 있는데 어린애들은 해를 빨갛게 그리지만 그 빛은 희다. 일본 규슈에 '일전(日田)' 이라는 지명이 있는데 그들은 '히다' 라고 읽는다. 이밖에 '히고', '히젠', 히꼬(英彦) '등 '히' 자 돌림이 많은데 가야나 백제계 이민들인 태양족이 붙인 이름일 것이다.

어렸을 때는 헤엄치는 것이 일이었는데 아무리 힘을 써도 2, 3 미터도 못 올라가고 밀리니까 밭둑으로 올라가 앞으로 뛰어 갔다가 다시 물속으로 뛰어 들었다는데 팔당에서 보았던 물오리의 래프팅 생각이 나서 웃음이 나왔다. 강 건너 땅콩 밭은 잔디 축구장이 아니라 모래 축구장이었는데 그 덕에 브라질 선수처럼 지금 60대는 마을 축구대회에서 우승을 놓친 일이 없다고 한다.

어렸을 때는 나룻터 왼쪽은 여자 오른쪽은 남자들 멱 감는 곳이었는데 초등학생들은 헤엄쳐서 왕래가 잦았다고(일동 웃음).

사공은 또 한 사람 신재희 씨가 외지로 나가 수원에서 인테리어 일을 한다니 기회가 되면 나루이야기를 들을 수 있을까?

자갈채취의 문제는 어느 포구나 이구동성이었고, 마을사람들의 생활권은 여주보다 오히려 원주였다는데 강둑을 따라 고살래고개-사장골-도리(되래)를 지나 건장이, 삼합리(강원-충청-경기가 만나는 곳), 개치나루(원주군 부론면)를 건너 원주에 다녀왔단다. 얼마 전 멧돼지가 출몰하고 이제는 숲이 우거져 전설에 묻혀가는 그 길이 내가 찾는 역로(驛路)일지 모른다. 대동여지도의 희미한 선은 강둑을 따라 이어진 이 길이 분명하다. 만일 이 나루터에 나루터 표지를 세운다면 어디일까? 정확히 그 자리를 알 수 있겠는데 강기슭에 하얀 모래무지가 드러나 있다.

1만년 전 흔암 선사유적지 : 마을 입구에 만들어 놓은 훌륭한 조형은 모형이고 산을 넘어 비탈에 강을 바라보며 계단식으로 10여 채의 집이 1만년 전에 있었단다. 마을을 돌아 맨 꼭대기 집을 지나자 푸석푸석한 모래질의 산에는 조림한 지 30년쯤 되어 보이는 소나무가 빼곡한데 여기저기 고랑이 깊게 패인 자국이 역력하다. 도라지밭이나 산비탈이나 갈래갈래 토사의 유출이 심한데 마치 한강의 모래를 쌓아놓은 듯 이 산의 토질은 정말 기이했다. 숲이 우거져 길을 찾기 쉽지 않은데 비탈을 넘으니 대략 80m의 표고에 경사가 심한 비탈을 따라 한강을 바라보며 정남향으로 집터가 이어져 있었다. 발굴 덕에 유적지라는 것을 짐작할 뿐 어디에도 집터의 흔적을 가늠하기 어려웠다. 그 골짜기는 규모가 작을 뿐 꼭 울산의 반구대 기분 그대로였다. 숲을 제거하면 한강이 보이고 또 댐을 만들기 전의 모습이라면 수량이 지금보다 적어 강변에서 어로가 가능했을 것으로 보인다. 재미있는 것은 묵은 밭인데, 탄화된 곡물과 도자기 파편이 있다니 나는 기원전 7천년 전 청동기시대의 논과 밭을 보고 있다는 생각에 얼떨떨했다. 점동면에서 얻은 기록을 요약한다.

흔암리 선사유적은 1960년대에 김원룡선생이 발견해서 서울대 박물관 고고학조사단이 1972년도부터 발굴한 결과, 모두 20여 기에 가까운 움집터와 다수의 유물과 탄화곡물을 발견하였다. 집자리가 확인된 곳은 여주읍에서 상류를 따라 약 10km 떨어진 남북으로 길게 뻗은 표고 123m의 산정 상부에서 경사면을 따라 형성되어 있다.

집자리는 남북장축으로 풍화된 화강암반을 'ㄴ'자로 파고, 기둥 위에 지붕을 씌웠다. 집안에는 화덕자리, 저장구덩이, 기둥구멍 및 출입구 등이 있다. 대표적인 제12호 주거지는 9.7m × 3.7m(10평 남짓)크기의 장방형으로 지하로 약 60cm정도 파 들어간 반수혈 움집형태다. 바닥면은 편평하며 부분적으로 점토를 깔았다. 기둥구멍은 다섯줄로 나란히 배치되었는데 도합 39개의 기둥자리가 확인됨으로써 그 배치상태에 따라 당시의 집 모습을 재구성할 수 있다.

화덕자리는 집자리 내부에서 모두 세 곳이 확인되었는데, 동쪽 화덕은 직경 60cm 정도의 타원형으로 내부에 숯이 꽉 차 있었고 나머지 두 개의 화덕은 바닥면이 불에 탄 흔적이 있는데 일본 아이누 족의 거실 화덕 비슷했을 것이다. 저장 구덩이는 모두 일곱 군데로 남쪽에 네 개, 서쪽에 두 개, 북쪽에 한 개가 확인되었다. 이 중 가장 큰 것은 직경 75cm 크기로 다수의 토기, 석기, 그리고 쌀, 보리, 조, 수수 등이 발견되었다.

주거지에서 출토된 토기는 구멍무늬 토기, 민무늬토기, 붉은 간 토기 등이다. 민무늬토기에는 화분형, 사발, 단지, 짧은 목 토기 등이 있다. 구멍무늬토기는 아가리가 넓고 깊은 사발형으로 아가리 아래에 구멍을 한 줄로 뚫고 아가리 윗면에는 새김을 하였다. 붉은 간 토기는 원저호와 다리가 홀쭉한 굽다리접시 형태가 있으며, 석기로는 돌칼, 반달돌칼, 바퀴날도끼, 돌도끼, 돌화살촉 등이 있다.

흔암리 유적은 동북지방의 구멍무늬토기와 골아가리토기, 서북지방의 팽이형토기의 두 계통의 토기가 한꺼번에 나타나는 이른바 흔암리형토기를 만들어 사용한 독자적인 특색을 가지고 있다. 이 유적에서 나온 탄화미는 늦은 연대라 하더라도 연대가 최소한 기원전 7세기까지 올라가는 것들로 판명되었으며, 제14호 주거지의 탄화미를 비롯한 여러 탄화곡물류의 출토는 우리나라 농경, 특히 벼의 재배에 귀중한 자료를 제공해 주고 있다.

시골양반맛집 : 면사무로 돌아와 군지를 다시 살펴본다.

'제3장 교통-제1절 조선조 이전 교통과 통신 역원의 제도'에는 신라 소지왕 9년(487년)에 처음으로 역원 제도가 생기고, 고려시대에는 대중소 547개의 역에 22명의 역승 아래 역장과 역정(驛丁)을 두고 병부(兵部)에 소속되었으며 조선조 세조 3년(1457년)에 538개의 역을 두어 30리(12km)에 하나씩 운운.

그 538개의 역 가운데 여주군에는 죽령 가는 길로 양화역[양화나루]-신진역-안평역이 있는데, 그 양화나루터는 자동차를 이용했고, 여주에서 출발해 신진역은 먼발치에서 지나치고 안평역을 앞두고 점동에서 이틀 자고 있으니 엇박자!

자료를 뒤지는데 귀는 열려 있다. 문을 열고 들어오는 직원이 대청봉에 올라 첫눈을 보고 왔다는데 이곳 하늘은 맑고 깨끗하다.

정상의 단풍은 지고 눈이 쌓이고 아래는 물들고.
"사진 좀 찍어오지? 눈에 덮인 단풍이 너무 멋있겠다! 여주보다 한 달은 빨리 온 거지?"
"무슨 태풍이 온 줄 알았어. 파도가 방파제를 넘어 해변도로에 물이 넘치고 얼굴을 치는데 지금도 끈적거려."
"응! 길은 좀 밀려."

나라의 중심에 사는 이곳 사람들은 동서해안이 모두 가까워, 아침에 떠나 서울사람이 고속도로에 갇혀 있는 시간에 벌써 돌아와 단풍 이야기를 하고 있다. 그것도 토요일 오후에. 나라의 중심에 사는 것은 편한 것도 많다.
저녁 6시 땡! 우리는 함께 퇴근했는데, 자! 한잔 해야지. 시골 맛집. 사대부의 능 앞에 있는데 그 능은 그대로 왕릉. 두부전골을 시켰는데 점동면 콩에 손두부, 도자기의 마을이 아니랄까봐 모든 그릇이 상감귀얄조선청자 촉감, 색감에 억지가 아닌 자연 황토벽. 게다가 동동주는 5천원에 한 동이. 한 잔만 마셔도 캬아!! 진하고 시원하다. 한강수에 여주쌀로 빚었으니까! 그 잔도 도자기! 시골 맛집. 양반맛집. 그냥 시골양반맛집이라고 해두자! 아이들이 있으면 그 능의 잔디밭에서 놀게 하고. 일행의 한 사람은 반드시 마시지 말고 담아올 것! 여그가 어디냐고? 면사무소에 가서 추사 여사를 찾으면 잘 알려줄 것이다.

면사무소 주차장으로 돌아와 한 번 더 불 꺼진 주막을 보았다. 낮에도 밤에도 불이 꺼져 있는.

아침엔 누비라. 대낮엔 봉고. 저녁은 엑센트. 그리고 돌아오는 길은 추사 여사의 티코. 하루 종일 선사유적지에 오른 것 빼고는 차를 탔다.

새벽 2시인가? 엉성하게 기억을 더듬어 메일을 보내고 안개 속에 깨어보니 8시. 모텔 앞의 음식점은 배반(杯盤)이 낭자(狼藉)라! 간밤의 주연을 가히 알겠는데, 문은 닫혀 있고, 이 방은 일박 3만 5천원에 초고속인터넷이 있고 컵라면을 제공한다. 망설이다 그것을 뜯어놓고 이 글을 쓴다.

12시에는 길에 나서 삼합리 안평역을 지나 혹 경기도를 벗어날 수 있을지? 다음 역은 여주의 안평역—충주의 가흥역과 충주[연원 찰방역]의 순서다.

07 처음 본 안평역마을 빗돌

길이 아니면 가지를 말라 〔13일째 10월 23일 일요일〕

그저께 빗길을 걸었기에 어젯밤 신발을 빨았었다. 신발은 이름값을 한다. 정말 잘 말랐다. 12시 10분 따르릉! 벨이 울린다. 메일은 전송중!

"알겠습니다. 곧 방을 비우죠."

안 그래도 거의 짐을 꾸렸다. 양수리에서부터 부산으로 걸어간다면 여주를 지나 장호원으로 갈 거라고 잘못 생각하고 있었다. 37번 국도! 나는 그 길을 걸어갈 생각이었는데 내가 이틀간 머문 '꿈의 궁전'은 점동면에서 남쪽으로 3~4km쯤 떨어져 21번 국도에 있었나 보다. 신발 끈을 고쳐 매고 있는데 주인이 그쪽으로 가면 정반대로 간다며 친절하게 일단 면사무소로 되돌아가 저 마을을 지나 동북쪽으로 난 마을길을 따라가라고 한다. 지남침이 왜 필요한지 알 것 같았다. 무엇보다 동서남북을 찾기가 생각보다 쉽지 않았고, 길이 아닌 곳을 가면 반드시 돌아가야 했다. 길이 얼마나 많은 시행착오 끝에 이루어졌는지 실감할 수 있었다.

그래도 아집은 쉽게 버리지 못한다. 여관에서 바라보는 그 길은 들판의 끝으로 과장하면 지평선에 있는데 그것을 또 L자로 돌아가라고? 지도를 보니 청미천을 따라가면 안평에 도착할 수 있고 그 둑이 마을길로 곧장 뻗어 있어 '에라! 모르겠다?' 강둑을 따라나섰는데 농로는 패이고 물이 고이고 풀은 웃자라 발에 감기고 잡목들은 강의 흐름을 가리고 생각보다 쉽지 않았다. 할 수 없이 다시 들판으로 나오니 논둑의 콩을 거두던 농부가 농로의 끝에서 실개천의 다리를 건너 마을 앞에서 길을 따라 오른쪽으로 가다가, 큰 다리 건넌 다음 농로의 작은 다리를 건너 끝까지 가면, 새로 놓은 다리가 나올 테니 그 다리를 건너 언덕을 넘어 10리쯤 가면 안평이라고 일러준다.

청미천 : 그 긴 설명을 기억할 수는 없다. 오직 경기도의 마지막 역 '안평' 이라는 말에만 귀가 솔깃했다. 모래채취 작업을 하는 그 개울을 건너 마을을 지나니 강둑에서부터 보았던 그 다리가 나온다. 오히려 많이 돌았다. 청미천은 급한 곡선을 그리고 있었고 생각보다 넓고 푸르고 백사장이 고운 아름다운 강이었다. 가족들이 물놀이를 나와 모래톱에 자리를 펴고 있었다. 두 번째 다리에서 고구마를 캐고 있는 아저씨에게 한 번 더 확인하니 멀리 세 번째 다리가 보이는 듯했다.

농로는 곧게 끝없이 뻗어있고 추수를 기다리는 벼들은 눈부신 노랑에, 하늘은 푸르렀다. 농로가 끝날 무렵 점잖게 오토바이를 모는 노인네는 자못 내 행색이 궁금했나 보다. 다리 건너 언덕을 넘으면 면에서 오는(손가락으로 가리키며) 저 트럭이 지나가는 길이 보이지요. 길과 만난다고 한다. 옛날 지주는 설피를 잡았고

청미천은 한강의 제1지류로 길이는 64㎞이다. 용인시 원삼면 사암리 문수봉(文殊峰 : 404m) 동쪽 계곡에서 발원하여 남동쪽으로 흐르며, 경기도 장호원읍과 충청북도 음성군 감곡면의 경계를 이루면서 유로를 북동쪽으로 바꾸어 여주군 점동면의 중심부를 지나 도리 일대에서 한강(남한강)에 흘러든다.

2005년 10월 23일 오후 1시 14분

신상옥의 영화에서는 모시옷에 안경을 끼고 주선태가 자전거를 끌었는데 요즘 지주는 오토바이를 타고 젊은 농부는 트랙터를 집에 두고 소렌토를 몬다. 큰길과 마주치는 마을길에 구부정한 노인이 지팡이에 의지해 서 있는 것이 한 점 오이 크기만큼 보인다. 아! 가까이 다가가니 그 노인은 걷고 있었다. 순간 가슴이 막혀 숨을 쉴 수 없었다. 애써 외면하며 다리를 반쯤 건너니 청미천이 직각으로 들판을 돌아와 이 다리를 만들고 있었다. 자동차는 뜸하고 충북번호판의 소나타를 세워놓고 중년의 사내들이 다리 위의 난간에 기대있는데 인상이 좀 그렇다. 일요일 오후라지만 이 바쁜 농촌에 웬 사나이들! 멈칫 돌아서서 사진을 찍고 쉬는데도 그들은 미동도 하지 않는다. 하이 눈(下午의 決鬪)이라는 영화가 있었다. 한낮이라는 것이 오히려 긴장을 더한다. 뜸을 들인 뒤 말을 걸어보니 그들은 10미터는 족히 넘어 보이는 다리 아래 물고기를 보고 있었던 것이다.

실없이 웃으며

"고기가 있어요?"

"저기 바위 사이에 보이잖아요."

정말 손바닥만 한 붕어 20여 마리가 한곳에 머리를 조아리며 꼬리치고 있었다. 나는 이 다리를 '청미천 붕어다리'로 기억해 두었다. 고갯길은 부드러웠지만 햇살은 따갑고 땀이 배었다. 1시간 반쯤! 이때부터 몸은 가벼워지고 걱정은 사라지고 걷기가 편해진다. 이 '평화의 언덕길'은 가장 평범한 것이 가장 아름답다는 생각을 일깨워 준다.

처음 보는 안평역(6)마을 : 생각해보니 아침을 컵라면으로 때웠다. 고개를 내려와 잠시 쉬려는데 수퍼도 식당도 버스정류장의 벤치도 없다. 길가에라도 앉아 쉬려는데 갑자기 등 뒤에서 말달리는 소리가 들려 돌아보니 무엇엔가 놀란 노루가 빈 밭을 달려가고 있었다. '콩밭의 노루.' 나는 너무 놀랐다. 구비길을 돌자 정자나무가 아름다운 장안1리 마을 어귀. 텃밭에서 한 아주머니가 콩대 부스러기를 태우고 있었다.

아무리 보아도 인기척 없는 그 집에서 밥을 줄 것 같지 않았는데 돌아가 보니 수퍼 겸 식당의 간판이 아담했다. 된장찌개를 시키면서 맥주 한 캔을 뜯고 담배를 세 갑 샀다.

"여기서 안평이 멉니까?"

"여기가 바로 안평인데요."

"여기 장안리는 승안, 안평, 관골, 건쟁이 네 마을을 합한 것이지요. 그러면 암행어사 말 매던 주막터 이야기나 장터 이야기는 들었습니까?"

"말은 모르고 시어머니가 장터에 밭 매러 가신다기에 '장터가 어딨어요?' 했더니 그 밭이 옛날에 장터였다고. 여기 비석에 역말이라고 있잖아요?"

나는 또 문을 박차고 나가 그 빗돌을 카메라에 담고 멍하니 서있었다. 서울-평구-봉안-오빈-양화-신진을 지나 처음으로 본 역마을. 그 자리에는 벼를 베고 남은 가을 들판만 파란 하늘 아래 내 그림자를 비웃고 있었다. 여지도서에는 여주에서 동쪽 30리에 있고, 중등마 4필, 하등마 3필에 역노(驛奴) 19명이라고 씌어있다.

뒤이어 밭일을 끝내고 돌아온 남편과 마을 아저씨와 어울려 여기서 45분 걸어 면에 있는 중학교 다니던 이야기. 왜무 서리, 장

처음 보는 역 터 비석. 앞산을 넘으면 충청북도 충주시다. 전신주의 중간에 삼도가 만
난다는 삼합교가 있고 왼쪽 나무가 우거진 곳에 역터가 있었던 것으로 보인다. 역마을
이라는 것을 확실히 해주는 글귀가 '장안2리' 표지석 아래 새겨져 있고 이 비석은
1999년3월13일 세운 것으로 보인다.

2005년 10월 23일 오후 3시 17분

호원 장에 갔던 할머니가 겨울에 개울에 빠져 얼어 죽은 이야기, 노루와 멧돼지 출몰, 농사, 소장수, 없어진 절 이야기. 그러다가 여주 가는 길을 물었을 때 이틀 전 흔암리에서 표 소장에게 들었던 지금은 폐도(廢道)가 된 그 길이 이 마을의 뒷산으로 이어진다는 이야기에 눈이 번쩍!

"그 길로 흔암리까지 가면 얼마나 걸리나요?
"한 시간쯤?"
그러면 흔암리 지나서 다시 처리로 해서 강 길을 따라가면 신진리(신진역과 나루가 있다는)로 해서 또 두 시간? 그러면 여주까지 3~40리! 하늘재나 문경의 고모성 옛길이 결코 넓지 않았음을 상기하면 이 길(廢道)이 과거(科擧)와 행상의 옛길이라는 확신이 든다.

한 시간! 한 시간! 나는 멧돼지가 출몰한다는 그 길의 한 시간을 천착(穿鑿)하고 있었다.
"멧돼지는 때로 다니는가 봐! 어딜 돌아다니다가 한참 있다가 며칠 뒤에 나타나드라고."
"품삯을 좀 드리면 안내해줄 수 있습니까?"
여럿이 가면 멧돼지도 별문제가 없다니 적당한 때 그 길을 다시 가볼 수밖에!

삼합리 : 고개를 넘으면 충청도 그리고 개치나루에 다리가 놓여 남한강을 건널 수 있다는데 그 다리를 넘으면 또 강원도 원주 땅! 부론장이라는 여관이 있다니 다시 배낭을 지고 길을 나서 안평역

의 코앞 삼합교를 지나는데 청미천이 여기까지 따라오고 있었다.
이제 저 강은 곧 한강과 만나 창남나루. 내가 만든 나루터 번호로
13번째 여주의 나루가 되겠지! 이 다리에도 나루가 있어 가을이
면 물이 줄어 하근찬의 소설에 나오는 다리 하나 팔 하나 잃은 그
부자(父子)가 건너던 그런 다리를 놓아 이듬해 봄까지 사용했다
고 한다. 이밖에도 청미천에 나루가 많았다는데 '다리 있는 곳에
나루가 있었다.' 그렇게 미루어 두기로 하자!

이 마을 사람들은 자반(고등어)이 없으면 밥을 못 드시는 할아
버지 때문에 새벽에 문막(영동고속도로의 길이 막히는 그 유명한
문막휴게소 부근)장에 가서 고등어를 사올 정도로 개치나루에 연
을 맺고 있지, 장호원이라면 몰라도 여주에 대한 기억은 별로 없
다. 그것이 결국 나를 의식화시켜 잠재의식에 있었던 신경림의 목
계나루와 함께 엉뚱한 길로 접어들게 했다는 것을 남한강 그 아름
다운 강변길에서 깨어난 이틀이 지난 뒤에야 알았다.

삼합저수지 앞 마루턱 문간을 헐어 만든 현대판 주막에서 '레
쓰비'를 뜯으며 주인과 한담!
고추 한 근에 6천원인데 1200근을 지었다니 720만원쯤 벌었
나? 농사는 오직 고추뿐, 생계를 걱정하는데. 오토바이를 탄 노랑
머리가 감자칩을 사가고, 털 털 털!(엔진소리 한번 거창하다!) 경
운기를 몰고 온 아저씨는 막걸리 한 병을 사는데, 엄청 크다. 한
되가 넘어 보인다. 그리고 장광설. 강원도의 고랭지 채소는 엄청
난데 12년 걸려 개발한 감자씨와 격납고만큼 넓은 보관창고 등등
그런 선진농업기술 견문담을 듣다가, 다시 출발! 이 고개는 높다.

마루턱에 이르자,

경기도를 벗어나 : 아! 드디어 안녕 여주! 하더니 뒤이어 안녕 경기도! 그리고 환영 충청도! 멀리 한강이 내려다보이며, 바로 충주다. 이 속된 기쁨을 무엇으로 표현하랴! 좀 부끄럽지만 힘이 솟는다. 이 자리가 경기도 1번지라는 말은 다음날 아침 들었다.

고개를 내려와 길을 물으려니 문 닫은 주유소에는 들깨가 쌓여 있다. 신식휴게소와 식당도 장사가 안 되는지 비었고, 충청도 번호판을 단 버스 운전수에게 물으니 서쪽으로는 다리가 없고 오직 저 다리가 한강을 건너는 유일한 다리라고. 충청북도 앙성까지는 12km. 그 길로 갔어야 했는데 안평사람들에게 의식화된 개치나루로 발걸음을 돌렸다. 남한강 다리의 그림자가 나루터의 흔적을 손짓해주는 강물을 바라보다가 눈부신 갈대에 취했다.

차량의 왕래가 드문 이 다리에서 하늘은 연분홍으로 물들고 산은 겹겹이 청산인데 암청(暗靑)이다. 진회색으로 겹겹이 층을 이루며 원근법을 만든다. 은발이 눈부신 갈대와 파란 강. 그 강의 잔잔하고 너른 여유와 아늑함! 수심을 알 수 없는 그 양감에 나는 황홀하였다.

다리를 건너면 강원도 오늘 하루 경기도에서 충청도로 그리고 강원도 부론면으로 삼도(三道)를 걸어 이곳 유일한 여관 부론장에 여장을 풀었다. 저녁을 먹고 커피를 한 잔 하고 나니 PC방은 없다. 내일은 하루 종일 아침부터 걸어 목계에 닿으리라!

남한강 대교에서 바라본 한강의 초겨울. 강 왼쪽은 충주 앙성면과 여주 강천면. 오른쪽은 원주 부론면인데 경기 충청 강원 삼도가 마주보고 있다. 은빛 갈대가 파란 물 위에서 가을의 막바지 빛을 뿜고 있다. 사진 오른쪽에서는 원주에서 흘러오는 두꺼비내〔섬강〕이 합류하는데 '섬강이 어드메오? 치악이 여기로다!'는 구절이 관동별곡에 나온다. 그 합류 지점에 큰 나루가 있었고 당연히 창고〔흥원창〕가 있었고 정수영의 옛그림에도 이 풍경이 그려져있다.

2005년 10월 23일 오후 5시 21분

08 가흥역을 찾아서
〔부론에서 목계까지〕

강원도 원주군 부론면 〔14일째 10월 24일 월요일〕

부론은 둑을 따라 남북으로 뻗은 일자형 마을이었다. 아마 200~300보 걸으면 끝날 정도로. 그 폭도 좁아 한두 집 가로지르면 둑이거나 밭이다. 단층짜리 길가에 등불을 달고 흑백으로 사진을 찍으면 옛날의 장터가 그대로 드러날 것 같았다.

어제 저녁 제일 오래된 식당을 찾았을 때, 지붕을 가리는 정류장의 느티나무가 인도에 버티고 있는 그런 식당에 들어서니 '일일불작일일불식(一日不作一日不食)' 이라는 글귀가 붙어있다. 나는 오늘 먹을 만한 무슨 일을 했는가?

노인네가 '이 손님 신청 받아요!' 라고 목청을 높인다. '신청' 이라는 말이 낯설다. 목수들이 몰려와 집짓는 이야기 가운데 연탄보일러가 화제다. 마침 그 식당에 연탄난로가 타고 있었다. 제육볶음을 먹고 돌아와 일찍 잠들었는데 새벽 2시에 깨어 PC방이 없는 마을, 안개가 내리는 창밖을 바라보다 다시 잠이 들었다. 방이 더워 빨래가 잘 말랐다.

처음 만난 선주 : 신발 끈을 매며 주인(나염)에게 이 마을이름이
왜 '개치'냐고 묻자 옆에 있던 그의 처남(이선규)이 여기는 흙을
파면 개흙이 나온다고 한다. 서원말(마을)은 법천사가 있고, 도시
랑이는 광이 있었고, 와까마(왜가마)는 가마터가 있으며 장똘은
법천사가 융성했을 때 장독이 그 마을까지 뻗어있었다는 등…. 부
론은 구한말부터 '富論'이라고 썼는데 아무래도 '佛恩(불은)'이
변한 것 같다. 이야기에 취해 있다가 '어이쿠! 물을 틀어 놓았는
데, 잠깐만요! 같이 갑시다!' 두 집 건너 자기 집으로 초청했는데
알고 보니 선주(船主)였다.

"요즘 TV에 나오는 배는 이상해? 우리 배는 뒤의 한 가운데 키
를 잡는 사람이 조정하고 양 옆에서 위 아래로 노를 저으니까 힘
도 좋고 빠르지! TV의 그 배들은 모두 구석에서 좌우로 노를 젓
는데 잘못된 것이지! '노'는 물살을 가르는 거고 '삿대'는 작대기
로 강바닥을 짚어가며 미는 것인데."

이 사람의 확신에는 마치 전선(戰船)을 지휘하는 듯한 기개가
묻어난다.

"언제까지 배가 있었습니까?"

"저 다리(남한강대교)가 생길 때까지니까 아마 10년 전!"

"맞아요! 지나오면서 보니까 1995년 준공으로 되어있더군요.
배 크기는?"

"좌우로 나란히 앉으면 100명쯤. 2.5톤 트럭도 실었고 소는 다
섯 마리쯤. 소는 배에 묶는 틀이 있는데 가끔 지랄을 하면 풀어버
려요. 뒤집히면 안 되니까!"

"아니 그럼 승객들은?"

"소를 실을 때는 주인만 타고 손님은 안 태워요. 소는 헤엄을 잘 치니까. 그 다음에는 모터를 단 철배가 생겼는데."

사공들 품삯은 모곡[곡식을 모은다는 모곡(募穀)일까?]으로 보리 1말, 벼 2말을 1년에 두 번 주고 또 타지인들에게 받는 배삯이 있으니까.

선장은 학생들에게 인기가 있었다고 한다. 큰비가 와서 홍수가 걱정되면 배를 안 띄웠는데 강 건너 아이들은 빨랫줄의 제비처럼 귀를 쫑긋하고 있다가 사공이 손을 흔들면 우산을 집어던지고 두 손을 저으며 만세를 불렀다고 한다. 사공은 휴교령의 권한이 있었다.

개치 장터는 이 나루로 홍성해 골짜기의 농부들은 이곳의 생필품에 명줄을 걸고 있었는데 다리가 생긴 후로 상권은 변했지만

"우린 농사짓고 살아요."

여유가 있었다.

배 만드는 것을 '배모은다' (명사형은 배못기. 박인로의 선상탄에 나오니 최소 400년은 넘는 단어다) 하는데

"배목수를 인천에서 데려왔지요. 그 사람들 인건비는 곱하기 3인데, 하루에 판자 한 쪽밖에 안 붙여요."

그때 남은 20년 전 널빤지라며 공루의 마룻장을 쓰다듬는다.

"그래 그 사람들은 첫날은 일도 안 해. 술만 먹지."

"정말 집이 훌륭하군요. 통나무에 황토, 잔디와 강돌을 쌓은 담! 비료창고가 우리 집보다 크군요. 이 고목(분재라면 크기로 기네스북에 오를 것이다])은 100년은 넘어 보이는데!"

"아! 그거는 논둑에 그늘진다고 베어버린 건데 다시 싹이 돋아서 옮겨 놓았지!"

"아니 어떻게 옮기셨습니까? 포크레인으로도 파기 어려웠을 텐데."

"그냥 삽으로 떠 왔지요."

어안이 벙벙한데 옛날 사람들이 삽 한 자루로 어떻게 성을 쌓고 궁궐을 지었는지 반쯤 알 수 있었다. 도토리가루를 말리면서 주인은 언제든지 놀러오라면서 면에 꼭 들러보라고 당부한다.

흥원창 : 오늘은 오랜만에 먼 길을 갈 작정이었다. 법천사 터는 꼭 보고 싶었지만 우선 들린 면사무소의 느티나무와 뜨락은 아름다웠다. 박달나무 아래 마을이 이루어졌을 때 우리 조상은 신이 내렸다고 믿었다. 신단수(神壇樹)와 신시(神市)! 그 '市'라는 글자는 나뭇가지에 포목을 늘여 놓은 것일 것이다. 민속촌의 나무에 걸어놓은 오색천이 시청의 정문에 태극기를 늘여놓은 것과 다름 없듯이. 그 나무 아래 회의를 하고 결론이 나면 집행하고 잘못된 것은 고치던 그때도 삼권분립은 있었다. 오히려 왕권보다는 합의제였고 그 합의를 그 나무(神樹)에 신탁(神託)했을 것이다. 나는 그 시대가 부럽다. 느티나무 있는 곳에 나루가 있고 'Since 1800' 어쩌고 하는 전통의 브랜드처럼 그 느티나무의 연륜이 곧 나루터의 역사로 자랑되곤 하는 것일 터인데.

사진 전면은 흥창 나루터. 오른쪽은 섬강, 왼쪽은 충주댐에서 흘러오는 본류고 멀리 여주 쪽으로 흘러가며 청미천의 물을 받아들인다.

정수영의 그림에 나오는 200년 전의 흥원창 모습. 마을에서 강으로 이어지는 길들이 뚜렷하다.

그 고요한 마을 그 느티나무 아래서 생각은 많다. 면사무소에는 문화관광과가 없다. 월요일 아침, 한참 바쁠 텐데 점동면의 추사 여사를 생각해서 마침 한가한 복지담당 여직원에게 관광지도를 부탁했더니 아직 준비가 안 되었다고. 총무과 직원이 대신 나서더니 행정지도를 찾아주고 지명 유래는 마을 선전 전화번호에서 복사를 해주고 막 인쇄중인 견본 안내책자를 군청과 전화한 뒤 먼저 보라고 건네준다. 나루터와 법천사지를 묻고 돌아서는데 못내 안심이 안 되었는지 흥창 나루터까지는 태워다주겠다고 타이탄 트럭 열쇠를 들고 나온다. 방금 받은 안내책자에 관동별곡이 있다. 평구역에서 말을 갈아타고 흑수로 돌아드는 것은 이미 말했고 '섬강〔蟾江, 蟾은 두꺼비로 한(漢)나라에서는 달을 상징했다〕이 어디메오 치악(雉岳)이 여긔로다.'라면서 정철은 원주에 도착했는데. 어제 지나온 청미천이 여주로 흐르는 그 흐름에 섬강이 가세한 이 물길은 장대했다. 흥원창의 나루터에 둑을 쌓고 나룻배는 사라져 흔적도 없지만 기념비 누각 그리고 여주에서 본 100년 전의 한강 그림 가운데 흥창나루터를 확대복사해서 전시하고 있으니 옛날을 짐작할 수 있다. 바라보이는 것은 멀리 창남나루요 등 뒤는 창말(창고가 있다고)이다.

기록을 그대로 옮기면 흥원창은 고려와 조선시대의 조공나루로 강원도 원주시 법천리에 있었다. 원주·평창·영월·정선·횡성·강릉·삼척·울진·평해 지역의 세곡을 보관하고 한강수로를 이용하여 서울의 경창(京倉)으로 운송했다. 너무 간단하다. 마을에 들러 이야기를 들어야겠지만 갈 길이 바쁘다. 김과장은 금방 가신다면 법천사지까지 데려다주겠다고 한다. '이런 고마울 데가.'

두 번째 보는 국보 제59호 법천사(法泉寺) 지광국사 탑비 : 안평 사람들이 대대적 발굴하는 법천사 터를 꼭 들러보라고 했었다. 지금은 돈이 없어 퍼런 비닐을 덮어 씌워놓고 중단한 채 '예산님'을 기다리고 있다. 법천천을 반원으로 안은 분지의 규모는 대단했다. 지금은 달랑 국보 1점 비석과 당간지주만 남아있었지만.

지광국사의 탑비는 국사가 고려 문종 21(1067)년에 이 절에서 입적하자 사리탑인 현묘탑(국보 제101호, 현재 경복궁)과 함께 이 비를 세웠다. 거북을 받침[귀부(龜趺)]으로 비몸돌[비신(碑身)]을 세우고 왕관 모양의 머릿돌[이수(螭首)]을 올렸다. 거북은 목을 곧게 세우고 입을 벌린 채 앞을 바라보고 있는데, 머리는 오히려 용을 닮아서 턱 밑에 긴 수염이 달려 있고 부릅뜬 눈은 험상궂다. 독특한 무늬가 돋보이는 등껍질은 여러 개의 사각형으로 면을 나눈 후 그 안에 왕(王)자를 새겼다. 특히 비몸돌의 양 옆면은 구름과 어우러진 두 마리의 용이 양각되어 있는데 정말 섬세하다. 머릿돌은 네 귀가 바짝 들려진 채로 귀꽃을 달고 있는데, 그 중심에 3단으로 이루어진 연꽃무늬 조각을 얹어 놓아 꾸밈을 더하고 있다. 비문은 정유산(鄭惟産)이 짓고, 글씨는 안민후(安民厚)가 중국의 구양순체를 기본으로 삼아 부드러운 필체로 썼다.

이 부근에는 대단한 절들이 많다. 여주의 고달사지, 양주의 회암사지 등…. 이런 절터를 보면 그리스가 생각나곤 한다. 의천이 활약했던 고려 선종 시대는 인주 이씨들이 득세하며 왕위다툼을 벌인 것이 한명회를 주축으로 한 세조 때와 너무 흡사했다. 그 상징이 용미리의 마애불인데 한때 이것으로 한국판 맥베드를 만들

국보 제59호 지광국사(984~1067)의 탑비.

2005년 10월 24일 오전 10시 53분

어볼까 했었다. 종로에서 국보 제2호인 원각사비를 보고 두 번째 만나는 국보를 한참이나 바라보는데 초록몸뚱이에 붉은 반점이 있는 석자는 넘어 보이는 가을 뱀이 산으로 기어 올라가고 있었다. 대사의 영혼이겠거니 나도 이번만은 대범하였다.

이제는 충주로 : 들판에서 두 아주머니는 오토바이를 세워놓고 메뚜기 사냥에 혼을 빼앗기고 느티나무는 이미 붉게 물들었다. 당간지주를 보고 다시 마을로 돌아오는데 서울서 이주한 젊은 부부가 흙벽돌로 자연을 닮은 집을 짓고 있었다. 어귀의 정미소는 어김없이 비어있었다. 몇 개나 그런 정미소를 지나쳤었는지.

큰길 가 새로 놓은 법천교에 널부러져 앉아보니 벌써 12시! 아침을 굶었는데 어디 이 경치 좋은 곳에 모텔이나 식당이 없을까마는 부론장 주인은 없다고 했었다. 돌아가기에는 멀고 배낭에서 양갱이를 꺼내 먹고 물을 마시며 531번 도로로 직진하느냐 번호도 없는 강 길로 돌아가느냐 한참을 망설였다. 두 길 모두 차량의 왕래가 없으니 알쏭달쏭한데 낙엽은 없지만 '사람이 조금은 덜 다닌 프로스트의 길'을 택해 오른쪽으로 구부러져 고개에 올라서자 남한강이 다시 부드러운 모습을 갈대 사이로 드러내 보인다. 야트막한 고개를 넘자 반가운 모텔이 있는데 중년의 사내들이 정원의 파라솔 아래서 한담을 하고 있다.
"식당은 열었습니까?"
"……."
알고 보니 홍상수 감독의 '빈집2'. 오르막에서 돌아보니 빠알강 티코에서 다리가 허어연 아가씨가 쟁반을 들고 내리는데 나도 그만 꼴깍, 커피 생각이 굴뚝같지만 '그들만의 잔치'에 낄 수가 없었다.

좀재는 동양화의 길 : 강은 아름답다. 가을볕이 더불어 있고 물새가 날고 어디선가 밤알이 툭 떨어지고 또 푸드득 까투리가 날아오른다. 원주시의 명륜2동은 인구밀도가 19,616.8명인데 이곳 부론은 37.4명 그리고 읍내를 벗어나니 사방 1km에 한 명도 없다.

좀재에 다다르니 소박한 전원주택에서 중년의 부인이 꽃손질을 하고 있다. 요기할 데가 없느냐니까 빵을 드시겠느냐고 한다. 극구 사양하다가 커피나 한 잔 했더니 기어이 토스트 두 조각에 잼을 쟁반에 받쳐 주고는 스스로 잔디밭에 앉는다. 그 커피와 토스트는 아무데서나 맛볼 수 있는 그런 빵이 아닌 별 다섯 개였다. 부산까지 갈 예정이라는 말에 자기 아들도 고1때 편지 한 장 달랑 써놓고 자신을 시험한다며 제주도까지 다녀와 학교신문에도 났다고 한다. 알고 보니 아들뻘에 고등학교 후배다.

"허허! 참 부끄러운 선배네요."

이 집주인은 CEO다. 그 아들은 지금 시카고의 공인회계사. 100여 평 대지에 30여 평의 이 집은 소박한 그림 같고 주인의 인품을 닮았다. 9천불에서 1만 3천불까지는 아파트 시대 그 선을 넘으면 개인주택 시대라는데 이런 계층과 농촌이 서서히 간극을 좁히고 있다. 일주일에 두 세 번은 서울에도 가는데 하루의 열두시간 일년의 사계(四季). 그 아름다움을 신에게 감사하며 6년쯤 지나니 적응이 된다고 한다. 이곳 좀재는 한자로 조음재란다. 아침에 볕이 안 드는, 그렇다면 조음(朝陰)재 또는 조음(朝蔭)재쯤 될까? 내게는 조음재(潮音齋) 정도의 정자를 짓고 싶은 곳이다.

언젠가 오르세 미술관에서 인상파화가들의 그림을 보고 가슴이 뛰었었다. 오늘은 그 밀레의 '만종(晩鐘)'을 보는 기분이었다.

2005년 10월 24일 오후 4시 10분

남한강의 늦가을 : 앞으로 뻗은 길에도 지나온 길에도 펼쳐진 것은 오직 가을 강! 점퍼는 이미 벗어 배낭에 묶어두고 차 그림자도 없는 찻길을 걷는다. 양평을 벗어나며 한적한 시골길! 여주를 벗어나며 고독의 농로! 점동면을 지나며 안식의 길! 그리고 이곳의 강 길은 선경. 동양화 그대로 산수화의 길이다. 음악가라면 걸음. 걸음이 그대로 악상이요, 현이요, 건반이요, 오선지인 그런 길이다. 걸음은 앞으로! 고개는 우로 봐! 그날 밤 목이 뻣뻣한 이유를 알았다.

관득을 지나면서 전원주택 단지 한 곳! 300평에 평당 30만원. "서울서 13평 아파트 팔아 집 짓고 남으니 기막히잖아요!" 어제도 한 필지가 나갔는데 인근에 P씨, K씨 알만한 분들이 노후를 즐긴다고 공사 감독은 어깨를 으쓱한다.

어제는 삼도를 돌았는데, 오늘은 강원도를 벗어나는 것이 목표. 솔미에서 길은 휘어져 샛강을 끼고 오르니 거돈사라는 안내판이 보인다.

이 마을길과 부론에서 직진한 새 길 531번이 만나 일로 남으로 목계로 간다. 그 길이 참으로 희안한 S자를 그리는 사행로(蛇行路)인데 고개는 염터고개! 그 야트막한 언덕을 넘는데 1+3인지, 2+2인지 이번에는 그룹으로 꿩이 나른다. 얼마나 놀랐는지…. 그 서슬에 길가에 타이탄을 세워두고 숲속에서 도토리를 줍던 운전사가 튀어 나온다. 나는 두 번 놀랐다. 인사를 나누자 충주 사는 활어상! 고기를 싣고 오간 지 13년. 이제 자리가 잡혔다는데

초겨울 해는 저수지에 산 그림자를 그리고 갈대는 그 그림을 본다. 석양, 그들만의 시간을 깨뜨리지 않으려고 나는 숨을 죽이며 걷는다.

2005년 10월 24일 오후 4시 18분

도토리를 줍는 그 여유가 곱다. 식당까지 1km 정도. 데려다 주겠다는데 그 호의를 거절할 수가 없다.

다시 충청도로 : 굽은 길을 돌자말자 샛강과 다리가 나타나고 덕은리(德隱里) 표지가 보인다. 다시 '안녕! 강원도! 환영! 충청북도 충주시!' 한강이 강 건너를 앙성면, 이쪽은 소태면으로 동네를 갈라놓았다. 식당은 딱 두 집인데 서로 마주보며 모두 정육점을 겸하고 있다. 된장국에 곁들인 못생긴 배추김치가 맵고 쌉싸름하다. 이 김치는 분명 한강표 김치! 더덕이 맛이 있어 물었더니 울릉도에서 보내준다고. 참! 개울을 건넜는데 말씨는 강원도도 아니고 경기도와도 다른데 그 성조가 중국어 공부에는 안성맞춤이다. 이 말투는 충주까지 이어져 중앙탑, 고구려비 등 이곳 내륙 사정을 짐작케 한다.

우만이 나루의 사공처럼 눈에 백태가 끼어 불편해 보이는 박충남 씨는 여기 5대째 살고 있는데 나루터를 일러준다.
　1) 홍창
　2) 개치
　3) 조음재(좀재)-어쩐지 마을과 느티나무가 심상치 않더니!
　4) 솔미나루 VS 강건너는 광장말
　이 4곳은 오늘 아침에 지나왔다.
　5) 더그니(덕은리)-지금 이곳으로 강원도와 충북을 가르는 샛강이 있는 곳인데 서울간 고향사람들도 이곳이 생각나 가끔 찾아온단다. 소금배가 들어오면 장이 섰는데 그 유명한 을축년 장마에 수몰되어 이곳 15채와 이웃 보개울에서 80채가 통째로

석양의 남한강변에 소나무도 잠을 청하고

2005년 10월 24일 오후 4시 24분

쓸려갔는데 그에게도 뗏목에 대한 추억은 아련하다.

6) 인다락 VS (강건너) 비내

7) 보개울 VS (강건너) 조탁골

8) 목계 VS (강건너) 가금면〔가흥창〕

다시 걷는다. 들판에는 추수하는 농부들의 웃음소리가 구름을 타고 흐른다. 걷고 또 걷고 한 대의 자동차도 없는 남한강을 나룻배에 실려 가는 느낌이다. 지치기 시작한다. 석양이 비낀 남한강은 아름다운데 인다를 지나며 실개천에 거대한 둑공사가 한창이다. 정자나무가 아름답고 마을 어린이는 인라인 스케이트로 이 길을 운동장 삼아 미끄러지는데 때마침 지나가는 화물차는 제가 알아서 멈췄다 간다. 이 마을만의 교통규칙이다.

소태읍에 가면 잘 곳이 있다는데 조기암 지나 물갓말에서 오랜만에 강변횟집 겸 민박 겸 수퍼를 만났지만 지금은 철이 아니라 재워줄 수가 없다고 한다. 날은 완전히 저물고 차는 세울 수 없는데 읍내에 여관이 없단다. 잘못 알았다. 구비만 돌면 되는데 무리하고 싶지 않다. 면의 콜택시를 부르면 1만 5천원. 주인은 잠시 수퍼의 등불을 끄고 목계까지 1만원에 태워주겠다고 열쇠를 들고 나선다. 배낭은 이미 내 등을 벗어나 평상에서 쉬고 있었다.

여관이라는 곳은 : 눈 깜작할 사이 도착한 이 여관은 '목계나루텔' '텔' 자 돌림이고 인터넷은 안 된다. 목계나루. 얼마나 로맨틱한가? 그런데 한 글자가 더 붙어있다. '-텔' 점동면의 '꿈의 궁전'에도 모텔. 이렇게 보일락 말락 두 자가 붙어 있었다. 주인하고 이야기하며 잘 잤느냐는 둥 인사를 한 것은 오직 부론장 한 곳이

었다. 베니스의 여관에서 샤워하는 나를 당황하게 한 것은 하얀 앞치마와 머리수건을 갖춰 한껏 멋을 낸 하녀(?)에게 은쟁반에 차를 받쳐 들게 하고 우유빛 슬랙스에 꽃분홍 블라우스를 입고 베르사체 안경을 낀 할머니였다. 주인 왈

"우선 차 한 잔 하시고. 〈안심 시킨 뒤 〉, 혹 트리폴리로 여행한 가족이 없느냐고?"

대한항공의 사고 소식을 듣고 투숙객 가운데 한국인인 나를 찾아온 것이었다. 주인이 직접! 10년이 지난 내 뇌리에 그것이 각인된 것은 대인관계는 예(禮)요, 예는 인사라는 것!

이 나루텔의 입구는 아시아나항공 인터넷예약처럼 룸을 자동 배정받는 무인 판매시스템이다. 할아버지가 어떻게 버튼을 조작할 수 있겠는가? 비밀의 쪽문(주먹이 들락날락할 만한데 엿보고 있었나보다)이 열리면서 돈 주고 열쇠 받고. 한 3초 걸렸나? 문제는 목욕탕! 샤워꼭지가 이동식 고정식에 버튼까지 요란한데 욕조는 없다. 그럭저럭 몸을 씻고 나와 캔 맥주 한 잔!

목계장터 : "이 나루터에는 언제까지 배가 다녔습니까?"

말을 마치자마자 놀랍게도 기다렸다는 듯 유인물을 한 장 건네준다. 제목은 '목계줄다리기와 별신제 유래비.'

'이곳 목계는 오대산에서 발원한 남한강과 태백준령의 일 지맥인 부흥산에 이르러 솔밭과 강변이 어우러져 태고때부터 큰 마을이 형성되어 뱃길로는 서울(京都)에, 뭍으로는 강원, 충청, 경상, 경기에 이르는 큰 길목이며 내륙 항구로 물화와 사람의 내왕이 끊

이지 않아 큰 저자를 이루니 팔도에 살기 좋은 고장의 하나라 오목계라 불렸고 경도와 해외의 신문화를 유입하던 곳으로 중원문화의 발상지였다.'

토(吐)를 달 필요 없는 명문(名文)이다.

"그 시장은 규모가?"
"천명도 넘는 사람들이…"
책자를 꺼내 빛바랜 장터 사진을 보여주는데 믿어지지 않는다.
"인구는?"
5백호 정도가 살았는데 홍수 때는 별문제 없었지만 6.25때 폭격으로 모두 날아가 지금은 2백호 정도. 저자가 흥성거릴 때는 기생을 가르치는 권번(券番)이 있었으니 주막은 물어볼 필요도 없다고. 그 자리는 내가 묵는 여관 앞의 실개울을 따라 이어졌는데 지금은 텃밭이 되어있었다.

저 다리 건너 마크래기라고 여울이 심해 뗏목이 지나가면 '야! 이 새끼들아! 돼지우리나 지어라!' 하고 욕을 해대곤 했는데 사공들은 '에이! 못된 놈들.' 하고 야단을 쳤다는 것이다. 그 여울에는 바위가 돌출되어 뗏목이 걸리면 여지없이 돼지우리를 지었는데 (뗏목의 이음새가 겹쳐지면서 토막들이 들고 일어나 삼각형으로 접혀지는 형상을 돼지우리로 본 것), 이 나루에 도선사(導船士)가 있어 여주까지 인도하고 큰돈을 받았는데 돌아오는 길에 주막에서 탕진했다는 이야기도 함께. '마크래기'는 충주의 지명 책자에 막희막락(莫喜莫樂), 즉 너무 좋아하거나 기뻐하지 말고 조심하라는 뜻으로 되어있는데. 글쎄?

목계 별신제 축제 포스터. 이 뗏목이 한강을 오르내리던 진본인데 나루터에 정박하는
사이 아이들이 나루터의 배에서 놀고 있다.

마을사람들이 통나무를 이어 축제용 뗏목을 재현하고 있는데 규모는 1/4정도라고.
맨 왼쪽에 지금 배를 조종하는 키(方向舵)를 세우고 있는데 너무 초라하다.

이 마을에서 자란 박진 씨도 거든다.

"여름이면 사람도 여럿 구했어요! 저기 얕은 데는 5~6m 깊은 데는 한때 25m였는데 지금은 15m 정도."

금요일부터 별신제와 축제준비가 한창이다. 이장은 책자와 팜 프렛과 포스터를 건네주며, 세미나의 내용을 브리핑한다. 그 포스터가 내 눈을 둥그렇게 만들었다. 핫바지 차림의 까까중들이 뗏목 위에 올라가 기념촬영을 한 장면인데, 마치 함상견학(艦上見學)의 옛 모습 그대로였다. 물론 이 뗏목은 TV로 강원도의 박물관 등에서 정선아리랑과 함께 너무 많이 본 것들이지만 이 나루에서 흑백의 까까중들을 마주친 실감은 달랐다. 자세히 보니 키가 있고 잘 다듬어진 노가 좌우에 있고 보조 노도 있는데 그 구조는 부론에서 들었던 그 나룻배의 구조와 똑 같았다.

"내일은 강변에서 뗏목을 만들고 새끼줄을 꼬니까 구경하시고 축제에 꼭 오세요. 꼭!"

가흥역[7]은 어디에 [10월 25일 화요일]

개운하게 일어났다. 아침 산보 겸 강변을 어슬렁거리다 강둑으로 올라와 강변횟집에서 올뱅이국(서해안에서 고동, 양수리의 올갱이, 흔암리의 베틀조개가 여기서는 올뱅이)을 개운하게 먹었다. 아욱이 검은 것은 국산이고 파랗게 그대로 있으면 중국산이라는 설명을 들으면서. 길가에 있지만 시끄럽지 않고 마당에는 자갈을

깔았는데 소박한 평상도 있다. 평상에 앉아 보면 채전에 온갖 채소들이 단정하게 심어져 있는데 가지는 어른 키만 하다. 가지가 나무에서 열린다? 마치 집에 돌아온 도연명이 아침상을 받는 기분이었다.

여관으로 돌아와 짐을 들고 나서는데 박진 씨가 노를 깎다말고 강변에서 손을 흔든다. 농부들은 자가용을 몰고 와서 동아줄을 다듬기 여념이 없고 트랙터가 나타나 미리 만들어 쌓아둔 뗏목을 연결한다. 나는 또 어슬렁거리고 내려가 카메라를 꺼낸다.
"이 줄은 예전의 10분의 1도 안 돼요!"
"아니 그럼 15~6명이 열흘 걸렸다면 옛날에는 어떻게?"
"그러니까 온 동네 사람이 한 달 걸려 만들었지요."
농경사회의 노동과 수확 그리고 천지자연에게 감사와 놀이! 그 시대 사람들의 심성을 엿볼 수 있었다. 박진 씨는 자갈밭 한 가운데 끓고 있는 잡어매운탕을 떠 주면서 소주를 권한다.

"이건 식으면 맛이 없어! 한번 먹어본 사람은 바다고기 안 먹지. 담백한 맛이라니. 그리고 저 성황당은 꼭 찍어야 해! 원래 저 다리 옆에 있었는데 길을 넓히면서 옮겼지."
파사산성과 이포나루의 마애불을 연상하면서 뱃길의 안전을 빌었던 사공과 그 아낙들의 마음을 헤아릴 것 같았다.

드디어 동아줄은 암수의 용두가 매듭지어졌고, 뗏목은 거창한 진수식(?)을 거행했다. 한번 더 꼭 오라는 당부를 하는 박씨를 뒤로 하고 짐을 꾸려 목계다리를 건너갔다. 수심이 몇 미터라는 말

오른쪽은 강변, 마당 건너 신경림의 목계나루 시비(詩碑). 바람은 시원하고 공기는 달고 채전의 푸성귀는 푸르다. 이런 아침은 도연명의 귀거래사(歸去來辭)를 떠올리게 한다. 늦가을의 아침햇살도 다사롭고 물병 옆에 이상한 깡통도 보이는데 입을 벌리고 있다(?).

2005년 10월 25일 오전 10시 22분

을 들은 터라 부실한 난간 중심에서 흐르는 물을 바라보니 어지러웠다. 강을 건너 정류장에 이르자 샛강의 모서리에 1992년 홍수 위치를 알리는 비석이 서있다. 범람(氾濫). 그것은 자연의 조화와 의지다. 자연에게는 그들의 법칙과 정서와 분노와 갈등과 해소가 있다. 사람들은 그 境界(경계)를 무서워하면서도 물고기를 찾아 그리고 그 흐름이 실어다주는 옥토(沃土)를 찾아 강으로 다가가고 또 물러난다. 마치 겨울 해변의 파도를 따라 한없이 지워지는 발자국을 즐기는 망각의 연인처럼!

가흥창의 안내판이 서있는 건너편 선정비 가운데 수운판관(조선시대 경관직의 하나로 조운과 관련하여 전함사 내에 설치한 관리) 임의백이라는 이름이 보인다. 요즘은 어떤 자리일까? 혹 수자원관리공사 아니면 해운항만청?

바라다 보이는 언덕에서 장례를 치르고 있는데 마음씨 좋은 아저씨를 만나 가흥창지를 안내받았다. 농협창고를 돌아 비탈을 넘자 길은 끊기고 시골집과 충주별장팬션(김복순)의 전경(前景)이 바로 창고 터였다. 아산 공세리에는 그래도 주춧돌이 남아있었는데, 마을 사람들은 설왕설래하지만 아무래도 가흥역은 초등학교 자리가 아닌가 싶다.

이곳이라면 여지도서에 충주의 북쪽 30리에 있고, 기마 2필, 복마(짐말) 6필, 노(奴) 61명, 비(婢) 41명이 있었다고 한다.

돌아온 길 : 여기서 아차! 나는 또 며칠 정신을 잃고 있었다는 것을 깨달았다. 안평역에서 산을 넘어 환영 충청북도! 했을 때 그대

로 우회전하여 남한강을 왼손으로 안고 앙성을 거쳐 내려왔어야 했는데 다리를 건너 한강을 오른쪽에 두고 걸어 다시 다리를 건너온 것이다. 아무튼 모로 가도 서울로 가면 된다고 나는 지금 가흥역에 서있지만, 그런 말은 이 옛길 탐사에서는 통하지 않는다. 다음에 이 길을 다시 보충하리라!

길 건너 동양고미술상인 심상익 씨를 만나 차 한 잔 하고 고지도를 감상했다. 한 장 갖고 싶은데 내게는 고가(高價)!

2시 30분! 충주로 걸음을 옮긴다. 30분쯤 걸으니 일손을 놓은 정미소 그리고 정자나무와 장미산 마을 유래비(由來碑)! 아들과 딸에게 성(城)쌓기 내기를 시키고 딸을 떡으로 유혹해 아들을 이기게 한 남아선호사상이 깃든 전설이 있는 장미산성〔대동여지도는 장미(薔薇). 다른 지도에는 長尾〕과 장자못의 전설은 구리를 거쳐 이곳에도 그대로 있다.

길은 쉽게 줄지 않는다. 강변의 아름다움이 사람을 취하게 한다. 3시 30분! 중앙탑 휴게소에서 잠시 쉰다. 충주호인 줄 알았는데 조정지 댐이다. 충주호는 바다일까? 독일어의 호수(See)는 영어의 바다(Sea)다. 중부유럽인은 그것을 바다로 생각했다. 물론 스위스에 두 개의 호수 사이에 '인터라켄'이라 하는 호수도 있기는 하지만.

길은 위험하다. 절벽을 깎아 갓길을 만들 여유가 없다. 이번에는 초록뱀이 길을 건너지 못하고 죽어있다. 마루턱의 주막에서 칼국수를 시켜 먹는다. 9년째 장사를 한다는데 이 주막은 차일(遮日)을 걷으면 그대로 트럭이다. 몽고의 파오에 엔진을 붙인 그런

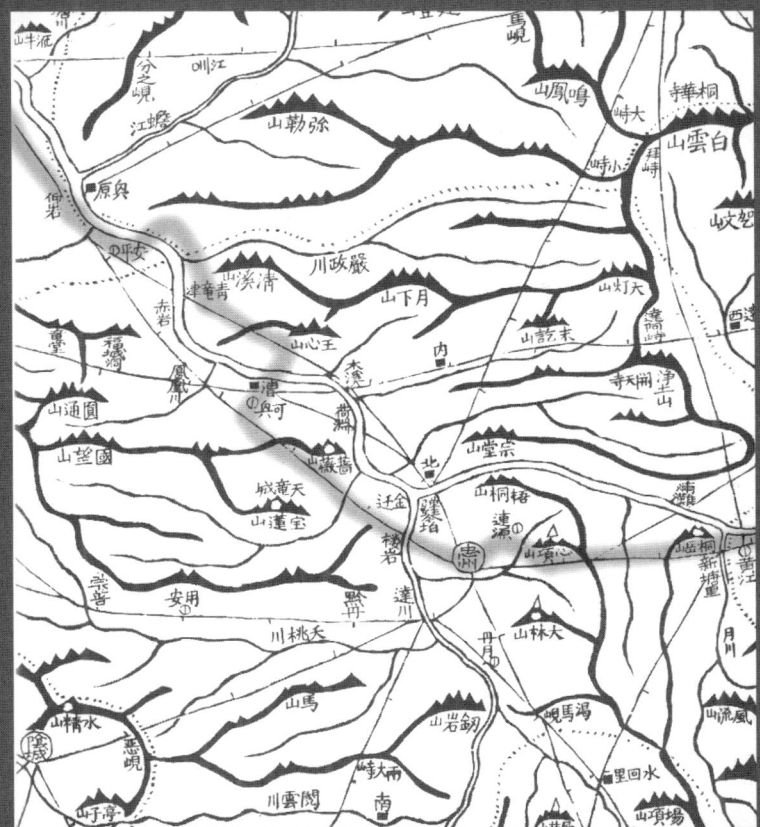

김정호의 대동여지도를 함께 읽고 걸어보자! 산과 강은 구분할 수 있을 테고 한자는
그림을 퍼즐처럼 맞춰보자! 중심을 좌우로 흘러가는 것이 한강이다. 왼쪽 위에 한강
으로 흘러드는 蟾江(섬강)를 찾으면 하구에 興原(흥원)나루가 있고 강 건너 ① 安平
(안평-6, ①은 역표시)역이다. 일직선에 그어진 눈금은 10리(4km)단위다. 안평에
서 동남으로 赤岩(적암)을 지나 ① 可興(가흥-7)을 지나면 薔薇山(장미산)-迂金(우
금)-樓岩(루암)을 거쳐 忠州(충주)에 도착한다. 충주의 북쪽에 ① 連源(연원-8)역이
보이고 봉수가 있는 心頂山(심정산-마지막재)를 지나 桐岳山(동악산) 아래 新塘里(신
당리)와 ① 黃江(황강-9)역이 보인다.

나는 안평에서 남한강대교의 개치나루를 건너는 바람에 길을 잘못 들어 木溪로 왔는
데 이 시대에는 가흥(可興)으로 직행했음을 알 수 있다.

생각을 하니 칭기스칸의 집들이 달려오는 듯 신기루를 느낀다. 베트남에는 수상가옥도 있고 암스텔담에는 보트족도 있지 않은가? 좀 피로하다. 중앙탑은 좀처럼 그 모습을 드러내지 않는다.

서산의 호반을 따라 다리를 건널 무렵 해는 기울기 시작하고 수초에 가린 강태공은 한가로운데 농부들은 모두 집으로 돌아가고 있다. 기우는 해는 갈대의 물 위에 머리를 감듯 햇살을 풀어놓는다. 호수 위에 번지는 햇물! 먹물이 물 위에 풀어지듯 붉은 색은 아름답다. 왜 그 아름다운 빛이 사람의 마음을 아리게 하는 것일까? 저녁밥을 짓는 연기가 오르고 동산에 실낱같은 하얀 달이 뜰 때면 왜 갑자기 서러운 생각이 드는 것일까? 시드는 갈대가 저리도 의연한데…. 자연과 초자연, 산천과 더불어 일희일비하는 그것이 오히려 자연일 것이다. 무심히 그 자연을 품고 있는 초자연보다는.

날은 저물어 가지만 충주에는 여관이 많을 것이다. 눈앞에 가금 면사무소. 서성석 면장은 친절하게 나그네를 맞아 차를 권하고 내 장황한 설명을 듣고 행정지도를 찾아와 거들어준다. 산업계장 시절 국토순례대행진을 도왔다면서 옛길을 자세히 알려준다. 책을 내보라는 격려와 함께. 그리고 김예식 선생을 찾아뵈라고. 마침 시청에 들어가는 직원에게 모셔다 드리라고 하는데 '나는 걷는다. 해가 질 때까지는.'
'중앙탑까지 1km. 그리고 버스정류장!'

그 1km는 멀고 햇빛은 완전히 호반을 떠났다. 그 중앙탑에서

그토록 찾아 헤맨 객사. 집 떠난 지 보름 만에 조선시대 공무원들의 주막이었던 충주의 객사를 보았다. 중앙은 아마 위패를 모신 예빈(禮賓)의 장소 대청이고 오른쪽 공루는 연회의 장소가 아니었을까?

2005년 10월 25일 오후 6시 44분

마치 미용실에 다녀온 것처럼 다듬어진 잔디밭과 소나무를 디디고 중앙탑이 서있다. 중앙탑은 저 구천(九天)으로의 상승을 반도의 중앙에서 웅변하고 있었다. 인간의 의지를 하늘이 허락한 묵묵한 시간과 공간이 적이 나를 안심시켰다. 심호흡을 하고 그 어둠 속에서 나는 잠시 거닐었다. 온 몸에 절은 땀이 서서히 식어가는 것을 느꼈다. 그 상쾌함에 뒤이어 찾아오는 한기!

이제 여관을 찾아야 한다. 길에 나서 한두 번 손을 들었지만 태워줄 리는 없고, 버스는 방금 떠났으니 30분은 기다려야 하는데. 갑자기 소나타가 브레이크를 밟는다. 오! 면장님!!

퇴근길에 걷는 나를 보고 U턴했다고. 시내의 지리와 숙소를 안내해주고 내가 그토록 찾았던 공무원 주막 그 객사가 현존하는 관아공원에 나를 내려주었다.

객사의 등불 : 조명등에 어린 텅 빈 객사(客舍)를 바라본다. 오백년 춘추의 눈보라를 견딘 느티나무 그림자를 밟고. 그 공루(空樓)에 어떤 나그네가 국사(國事)를 근심하며 객수(客愁)를 달랬던가. 이런 객사를 본 것은 지금 기억으로는 그저 전주(全州) 정도. 객사를 뒤로 하고 여관에서 배낭끈을 푼다.

관아공원 〔10월 26일 수요일〕

집 떠난 지 16일. 보름이 지났다. 아침에 일어나 생각해보니 어제 일기를 썼는지 아리송하다. 만보기를 다시 사고, 입맛 없는 해장국을 먹고 공원 옆의 문화회관에서 서예전을 보고 도서관에서 시사(市史)를 훑어보고 사다리를 타고 회관의 옥상에도 올랐지만 나무에 가려 그 아름다운 객사의 전경을 찍을 수 없었다. 관아. 조선시대의 관청 모습을 고스란히 볼 수 있는 절호의 장소는 이곳밖에 없지 않을까? 이 공원은 마음에 든다. 동헌과 객사와 아문을 거닐면서 생각은 서서히 시대의 강물을 거슬러 올라간다. 조선시대의 학문, 철학·과학·경제·사회·예술 그리고 왕권과 관료와 탐욕과 당파-마지막으로 이 조합의 필연인 역사의 귀납.

그리고 꿈을 깨고 보면 나는 이상한 시간과 공간에 홀로 서 있는 것이다.

자료를 뒤지며 : 떠나기 전에 무턱대고 충주시청 유봉희 학예연구사와 전화를 나누었는데 그는 내 목소리를 기억하고 있었다. 도움이 될 거라면서, 지명연구, 충주시사 CD, 중원문화재 등을 건네주었다. 이 자료가 얼마나 귀중한 것인지는 두말 할 필요가 없다.

연 이틀을 많이 걸었다. 여관의 컴퓨터는 오락용이어서 컴퓨터 작업을 할 수 있는 그랜드호텔로 옮겨 하루 이틀 쉬기로 했다. 호텔은 의외로 한가했고 방에 컴퓨터가 없는 대신 무료로 비지니스 센터를 이용하도록 계약했었다. 방도 넓겠다, 그동안 쌓인 자료를 모두 풀어 늘어놓고 뒤지기 시작했다. 고지도의 중요성은 여러번 역설했는데 충주지명연구의 고지도에서 향교 뒤의 깨알만한 글자. ...연원역(連原驛)...을 찾았다. '연원역, 연원역' 저녁내 연원역을 되뇌면서 현행 지도 서너 개를 훑어도 그 자리를 알 수가 없다. 객사가 있으면 역이 있고, 시장이 있고 그렇게 생각했는데. 역시 목사(牧使)가 있는 동네는 다르다. 터미널이 떨어져 있었던 것이다.

연원역을 찾아서 〔10월 27일 목요일〕

잠자리에서도 오직 머리는 연원역을 그리고 있었다. 지도에 그 역을 추정하고 가흥역과 다음역인 황강-수산-단양역을 연결하며 머리를 싸매다가 인천에도 있는 연수동이라는 지명을 충주지명연구와 대조하니 연원마을과 동수마을을 통합했으며 찰방역이 있었다고 기록되어 있다. 가슴이 뛰었다. 전화!! 114-연수동사무소-이의민 사무장! 찾을 수 있다는 전갈!! 바로 택시를 타고 가다가 가벼운 교통사고로 목이 좀 뻐근했는데. 차를 바꿔 타고 동사무소에 가서 복지담당 여직원을 동행하고 경로당 옆집의 78세 이충희 옹을 만났는데.

"저 집(손가락으로 가리키며)이 지금 슬레이트지만 예전에 초가였던 주막이고! 그 골목 끝에 옹기가마와 대장간이 있었고, 시장골목은 두 사람이 겨우 지나칠 정도로 좁았고…연원역 터는 아파트 공사로 사과밭을 깨끗하게 밀어버려 아주 지형이 바뀌었으니, 1년 전에만 오셨더라도… ."

다시 동사무소로 돌아왔다. 연수동 여사무장은 활달했다. 향토사학자 그룹에게 자문을 구했는데 먼저 교육장에게 전화하고 교육장은 충북 문화재 위원이자 국사편찬위원인 김예식 선생을 소개했는데 충주 부시장을 지낸 분이었다. 드디어 늦저녁을 하고 택

오른쪽 아파트 숲 어간에 역이 있었다. 이 복잡한 도로와 공장 신축주택과 빌라 채전이 있는 기와집 등 뒤섞인 건축물은 그림 그대로 과거와 현재의 혼재를 보여준다. 전신주 왼쪽 승용차가 주차한 슬레이트지붕이 바로 주막이었는데 당시에는 물론 초가에 흙벽이었을 것이다.

2005년 10월 27일 오후 5시 30분

시를 타고 칠금동 동사무소에서 만나 뵈었는데. 내일 아침 몇 가지 자료를 주시겠다고 한다.

김예식선생 〔10월 28일 금요일〕

아침 8시 15분 벨이 울리고 김예식 회장께서 전화! 칠금동 사무실에서 다시 뵈었다.

"선생은 김정호 같은 생각을 실천에 옮기는군요. 자금이나 동행이 있으십니까? 충주를 위해 일하는데 그냥 있을 수 없어 밤새 뒤졌습니다."

충주문화지도, 옛 과거길, 연수지구지표조사 및 발굴조사보고서, 한강의 해운(김예식 述) 등을 전해주셨다. 어젯밤과 오늘 있었던 강의 내용은 너무 어렵다. 앞으로 걸어갈 길에 녹아있기를 바랄 뿐인데 머리 숙여 감사를 표했다.

시청에 다시 들러 지도를 복사하고 유봉희 학예사에게서 한강 유역 문화지도를 건네받고 돌아서는데 농민들이 시위하며 쌀가마로 성을 쌓았지만 구호를 외치는 농민은 겨우 수십 명, 그리고 바라보는 사람은 경찰관 몇 명과 소방차 한 대!

두 번째 방문객 : 호텔에 돌아와 쉬고 있는데 S가 여행의 안전이 걱정되었는지 보급품을 싣고 달려왔다. 그는 제자인데 이제 어엿한 치과 의사다. 한잔 술을 마시고 함께 잠자리에 들었다.

중앙탑 〔10월 29일 토요일〕

오늘은 쉬는 날이다. S와 중앙탑을 거닐었다. 정밀(靜謐)! 그런 단어가 있는데 호수에 산 그림자가 정지해 있는 공원에서 중앙탑 탑돌이를 한다. 모든 것이 머물러 있는데 움직이는 것은 우리뿐이다. 지구가 도는 것이 아니라 돌고 있는 것은 우리 그림자뿐이다.

박물관에는 초상화가 있고 또 '마왕퇴 2' – 조선시대 묘에서 발견된 수의(壽衣)를 전시하고 있다. 다시 목계에 가서 세미나를 잠시 듣고 황쏘가리 매운탕으로 아침 겸 점심! 이제 구면이 되어버린 박진 씨와 낚시로 한담을 하다가 수석원에 들러 청석(靑石)을 하나 샀다.

S를 보내고 혼자 남은 방! S편에 보내온 겨울바지에 허리띠가 없다. 시내에 나가 보아도 파는 곳이 없는데 후덕한 '코오롱 스포츠' 여주인이 거저 주지만 끼울 수가 없는데 세탁소 아주머니가 실밥을 뜯어 다시 바지에 맞춰 꿰매준다. '요체(要諦)'라는 말이 있는데 번역하면 '빤쓰끈'일까? '고무줄 없는 팬티'라는 말이 무엇인지 확실히 알았다. 오후를 허비했다라고 하기보다는 시가지 구경을 했다고 하자!

중원의 사림 : 며칠 여기 머물면서 풍부한 사료(史料)와 그것을 반추(反芻)하는 선비들의 모습을 본 것이 인상에 남는다. 사림파(士林派)라는 말이 있는데 이 파(派)는 서울로 올라가서 생긴 말이다. 숲은 움직이지 않는다. 여기서 때 묻지 않은 중원(中原)의 사림(士林)을 본다. 중앙탑의 성격이 규정되어야 발굴을 할 텐

세 번째 보는 국보 제6호 중원탑평리칠층석탑(中原塔坪里七層石塔)은 통일신라시대의 석탑 중 가장 규모가 크다. 우리나라의 중앙부에 위치한다고 해서 중앙탑(中央塔)이라고도 부르는 이 탑은 2단의 기단(基壇) 위에 7층의 탑신(塔身)을 올렸다. 1917년 탑을 보수할 때 6층 몸돌과 기단 밑에서 사리장치와 유물이 발견되었는데, 특히 6층 몸돌에서 발견된 거울이 고려시대의 것으로 밝혀져 탑 조성 이후 고려시대에 2차 봉안이 있었던 것으로 보인다.

2005년 10월 29일 오전 9시 37분

데? 라는 이곳 인사의 궁금증이 있었다. 반도의 중앙에 있으니까 중앙탑이다. 설사 누군가 그 탑을 세워놓고 떠났다고 해도 지금 이곳은 한반도의 중심이요, 이곳 사람들은 그 탑을 중심으로 살고 있으니까 이분들이 나라의 중심에 있다는 것이 중앙탑의 의미이 자 지방문화의 성격이다.

S가 물었었다
"무엇이 선생님을 여기 붙잡아 둡니까?"
지금은 적당한 답을 찾을 수 없다.

어제 그랜드 호텔에서 결혼식에 들리신 면장님을 보았다.
"아니 여기까지밖에 못 오셨습니까?"
생각해보니 오늘 밤까지 닷새를 충주에서 보낸다.

09 용궁이 된 황강역을 찾아서

교회가 된 연원찰방역[8] [10월 30일 일요일]

어제 빗방울이 보이는 듯 실비가 비쳤는데 날씨가 갑자기 쌀쌀하다. 짐은 어젯밤 자정에 메일을 보내고 대충 정리했었다. 나흘을 보낸 그랜드호텔 프론트에서

"또 걸으시게요?"

"그래요. 안녕!"

콩나물해장국을 먹고 9시 10분, 친절한 택시를 탔다. 유봉희 씨가 적어준 메모를 몇 번 잃어버렸다가 또 찾았다.

"저, 주공 1단지. 그러면 아세요? 그 옆에 진미식당 그리고 동수마을회관...??"

운전수는 고개를 끄덕거리며 인구 16만에 택시 1천대가 운행하는 충주는 대봉천, 충주천 두 갈래 강이 모이는 곳에 터를 닦았다고 자랑한다. 결국 연원 역터라는 연수동 제자리에서 한 블록 위(그저께는 연수초등학교 앞, 오늘은 뒤편)로 되돌아 온 것인데 운

전수는 한두 번 헤매더니 그 비석 앞에 나를 내려놓는다. 개발현장은 언덕을 뭉개 평지로 만들고 타워크레인은 꼭 유전개발현장을 연상케 한다. 그 사이에 동그마니 퇴락해가는 집과 골목, 하수구 그리고 시름없이 사위어가는 노인들. 이곳 교회의 찬송가조차 장송곡을 닮았는데, 1991년 10월 8일에 세워진 빗돌에 다음과 같은 글이 있었다.

> 동수(東守)마을에는 망루(望樓)가 있었고 역리(驛吏) 34인, 지인(知人) 17명, 사령(使令) 10명, 노(奴) 155명, 비(婢) 94명와 종6품인 찰방察(訪) 1인 그리고 대마(大馬) 3필, 기마 4필, 복마(卜馬) 7필이 있었다. (문헌과 시대를 밝히지 않았다)

이곳은 옛날 얼마나 인마로 붐볐겠는가? 내가 세우고 싶은 비석 31개 가운데 8번째 역에서 안평 다음으로 두 번째 본 것인데, 이 자리인지는 분명치 않다. 몇 년 전 발굴한 성황당 터〔여단(勵壇)이라고 나라에서 지어준 듯하다〕및 관아에서 북쪽 오리(五里)라는 기록들을 검토하면 그 좌표를 확인할 수 있을 것이다. 이길에 묻어있는 역사. 만감이 교차했다.

황강역으로 : 9시 40분! 또 잔머리를 굴려 계명산 기슭을 타고 황강으로 가는 길이 없나 기웃거리는데, 할머니는 지도의 계명산을 개죽산이라 하고, 여기 30년 살았다는 등산하고 돌아오는 할아버지는 그 뒷길을 애써 가르쳐주는데 그 길로 갔다가는 금강산으로 갈 뻔했다. 나흘 동안 염불해 온 '마지막 고개', '영남에서 쇠고

죽령대로 8번째 역이자 구리의 평구에 이어 두 번째 찰방역인 충주의 연원역 옛터.
전봇대 옆에 비석이 서있다. 도랑이 흘렀는지 하수구 뚜껑이 보이고 길은 시멘트로 덕
지덕지 몇 차례 확장된 흔적을 남겨놓았다. 골목이 끝나자마자 아파트가 서 있는 곳은
불도저로 밀어버려 산천이 개벽되었다. 아파트가 여기까지 들어서더라도 이곳은 소공
원으로 남겨 놓고 당시의 사진이라도 동판에 새겨두어야겠다. 여기서 말을 먹이다가
관원이 요구하면 역마을의 노비는 관아마을 객사에 말을 등대하였을 것이다.

2005년 10월 30일 오전 9시 30분

랑을 차고 온 죄수들이 살아 돌아가지 못해서 마지막이라는 설과 '영남에서 충주로 오는 마지막 고개' 라는 그 고개를 향해 걸어가기 시작했다. S가 가져온 만보기(벌써 5개째인데 이것은 중국제로 이마트에서 1만 7천원 준 것인데 제일 낫다)를 차고 개발현장을 가로지르는데 한두 명씩 드문드문 걷거나 뛰는 사람이 보인다. 모두 가슴에 이름과 번호를 달았다. 충주에서는 달리는 사람도 면허가 있나? 자동차처럼 번호를 붙이고 다니게!

아파트 개발 현장을 지나 1시간을 걸어 충주의 동쪽 교외에 닿았다. 여기서부터 고개가 시작된다. 한가한 일요일이라는 것을 잊었는데 주유소 모퉁이에서 마을 사람과 주막과 시장 이야기를 나누다가 역은 마을에서 북쪽 5리라는 말을 뒤늦게 상기했다.

"아저씨가 말하는 옛길은 마지막재에서 직진해서 저기 보이는 우시장을 지나 주막 거쳐 여상 뒷길로 곧장 관아공원(객사와 동헌)으로 향교를 오른쪽에 두고 뻗어있어요!"
그렇다. 이 자리에 서서 현지인의 말을 들으니 비로소 지도가 보인다. 현장학습이 왜 귀중한지 확실하게 눈에 들어온다. 이 길과 향교, 관아 이렇게 하면 올드타운이 모습을 드러낼 것이다.

이 모퉁이에 이번엔 선수가 아니라 조깅순찰단(?)이 그룹으로 있는데,
'아! 달리기시합이 있었구나!'
"백마일런이라고 못 들어보셨어요?"
"백마일론?? 무슨 마일리지인가?"

산천이 개벽했다고 표현한 아파트 개발현장. 아무리 새것이 좋다지만 이렇게 밀어 버리면 개미 한 마리, 풀 한 포기, 기왓장 하나 옛것은 남을 것이 없다. 이곳은 곧 맨하탄이 되겠지만 이 순간만은 아무리 돈이 좋아도 산자수명(山紫水明)의 충주의 풍광에 비할 수 있으랴!

2005년 10월 30일 오전 10시 32분

"아니! 백마일 160km 그러니까 400리를 뛰는 거요."

"원! 이 사람들이 미쳤나? 누굴 죽일라구 그래? 시방!!"

"아이구? 걱정마세요. 자기들이 좋아서 뛴다고요. 할아버지도 걸으시면서 괜히! 힘내세요!"

하면서 씨익 웃는다.

나도 그 행사요원에게서 주요지점과 거리를 기록한 유인물을 얻었다. 이 사람들은 어제 아침 8시 체육관에서 출발해 30시간 안에 충주호를 돌아오는데 그 100마일을 1등은 18시간 만에 주파하고 오늘 새벽 2시에 벌써 들어와 목욕탕에서 자고 있단다. 그 표에 보니 마지막 고개까지 5.8km, 거기서 우회전하여, 어쩌구 저쩌구, 내 목적지까지는 24km. 이런 자세한 이정표는 처음이다.

'흠 그래? 그럼 나도 3km는 이미 걸었군!'

안림천을 끼고 자전거도로를 따라 걷는데 천변에 조르르 옛 건물은 택지개발로 지붕이 묻힐 지경이다. 대원고등학교를 지나자 송사리들이 떼를 지어 용트림하며 헤엄친다. 이렇게 많은 송사리는 처음 본다. 고추잠자리가 휘둥그레 쫓아가다가 추락! 놀라서 급상승하며 날개를 턴다. 날이 들고 대기는 냉랭하지만 오히려 삽상(颯爽)하다. 이제는 드문드문 달리는 사람들! 할아버지도 있고 아줌마도 있다.

"다 왔어요! 몸을 풀어가며 뛰세요. 파이팅!!"

그때마다 적당한 구호로 V자도 그려주고 어퍼커트도 날려주고 엄지손가락도 치켜 준다. 한껏 힘이 난다. 오르막에 또 달리기 파수꾼 부녀! 함께 밤을 밝혔단다. 길가엔 파란 하늘에 붉은 사과. 유명한 충주사과밭이 막 시작되고 있다.

마지막재 : 고개는 완만하다. 오랜만에 고도계가 60에서 70~80으로 올라간다. 주막마을이라는 약막마을에서 내려다보니 시가지가 한눈에 들어온다. 그래! 이 길이야! 땀이 차고 한기가 느껴져 내피 위에 바람막이옷을 꺼내 입었는데 정말 잘했다. 고도기는 서서히 오르더니 고개에서 12시 8분에 225m로 이렇게 높은 곳은 처음이다. 고개마루에 항몽기념비가 있고 오른쪽 남산[본래 금봉산(錦鳳山)인데 개명! 그렇다면 서울의 목멱산도 마찬가지인데 정상은 630m]에는 산성(山城)이 있을 것이다. 이 중요한 지점에서 바로 충주호가 보이고 내 옛길은 저 물속에 있다. 어떤 사람 말로는 100m 물 아래에.

마지막재 마루에는 밤을 밝힌 파수꾼들에 순찰차에 분주하다.
"할아버지 걸음으로는 안돼요. 돌아가세요. 내 고향이 재오갠데, 거기 여관도 식당도 없어요. 다시 충주로 가서 버스로 가세요?"
이 파수꾼은 거의 울상이다. 이런 착한 사람을 봤나! 저 사람들은 달리게 해놓고, 나는 안 된다고?
순찰차가 이제 더 이상 달리는 사람이 없다고 철수를 명령한다. 그들은 고개를 내려가고 나는 알고 보니 유일했던 마루턱의 마지막 밥집을 그냥 지나쳤다.

물속에 잠긴 길을 버리고 : 물속에 잠겨 끊어진 길을 한참 바라본다. 길은 완만하게 강을 돌아 오르고 행인은 없다. 비탈은 스키에도 위험한 경사인데 사과밭! 라인강에서 보았던 포도밭을 그대로 옮겨 놓은 듯하다. 하루라도 포도에 향이 스미도록 며칠 더 다사로운 햇빛을 기원하는 저 릴케의 일구! 그 햇빛을 반사하도록 은박(銀箔) 비닐을 바닥에 깔아놓았다. 사과밭은 비탈에서 시작되어 정상을 가리고 하늘에 닿았다. 요각골을 지나자 지도에 점 둘 그것이 집이라고는 전부인데 시내에 다녀오는 젊은이는 물을 한 잔 줄 뿐! 구수한 된장냄새가 풍기는데 밥은 주지 않는다. 고개가 좀 힘들 거라면서.

　고개는 무슨 고개. 만산은 홍엽(紅葉)! 단풍뿐인데. 그 나무 사이로 지프가 보였다 사라진다. 아! 저것이 길이구나! 이 길과 이어지는. 그 길을 머리에 두고 나는 또 걷는다. 길 위의 길. 그 길 위의 한 점. 화전민 지붕. 여기는 강원도를 닮았다.

　날이 흐리니
　가을잎 더욱 고와

　산새 날갯짓에 무지개 흩어지네
　빨강 주황 노랑 파랑 갈색 여름 잎

　일어서라 가을바람
　깨어라 서리바람
　된내기의 하얀 바람

　날이 흐리니
　가을잎 더욱 고와

서리에 추운 속살
부끄러운 하얀 속살
새그러워라
능금은!

길은 오른쪽으로 갔다가 반대쪽으로 산자락의 끝으로 가면 다시 오른쪽으로, 이번에는 구름 위에 있던 화전민 농가를 굽어보고 또 오르면 시야에서 사라졌던 길이 다시 나타난다.

S가 메일에 먹거리 이야기가 좀 그랬는데
"이 사람아! 여기 무슨 먹거리가 있겠나? 멧돼지나 잡아먹으면 몰라도."
이제 단풍 속을 걷고 있다. 고도계가 390m에 머물자 하늘이 틔어온다. 그 마루턱에서 이럴 때를 위해 마련한 양갱이, 초코렛, 비스킷을 물과 함께 마시며 내려가는 길을 바라본다. 깊은 산을 타고 올라서면 당연히 반대편도 산골일밖에. 멀리 마을이 보이는데 먹고 잘 수 없을 것 같다. 자동차가 먼지를 피우며 올라오는 것을 보노라니.
사라졌다가 나타난다. 흠! 또아리굴이 있다더니 저런 것이로구만!

나는 그 또아리 길을 내려갔다. 2시가 좀 지났다. 4시에는 버스길 위에 있고 6시에는 여관문을 열기로 나름대로 정해놓았었는데 오늘은 어렵겠다. 고개를 내려와 MBC에서 '상도(商道)'를 찍었다는 도선동에서 잠시 쉰다. 그 셋트장은 누가 불을 지른 것 같다

길은 오른쪽으로 왔다가 반대쪽으로 산자락의 끝으로 가면 다시 오른쪽으로, 그리고 다시 왼쪽으로 반복된다. 끝까지 걸어가서 이제 마루턱인가 싶으면 다시 시작된다. 이 사진에서는 중앙의 흰 띠가 그래도 차가 다니는 길인데 지금 사진을 찍고 있는 내 머리 위에서 다시 길은 산마루를 향해 한바퀴 돈다. 구름을 잡으려고?

2005년 10월 30일 오후 1시 34분

는데 나룻배만 남아있다. 길은 말끔히 포장되어 있고 호수가 산을 품고 있는 것인지 산이 호수를 안고 있는지 둘은 서로 꼬옥 껴안고 있다. 바람도 여기서는 잠든 것 같고 단풍도 낙엽이 될 것 같지 않다. 푸드득 나는 산새도 숨을 죽였다. 빈 길처럼 고요하다. 한번 걸어보라고 권하고 싶은 길이다.

신매리에서 길이 갈라져 동쪽으로 가면 분명 황강역 기슭인데 길은 이어질 것 같지 않았다. 마침 지나가는 타이탄의 농부! 고개 너머 마을 지나면 살미면이라고. 잠시 얻어 타고 마을에 내리자 콩을 걷는 부부도 일손을 멈추는 만종의 시간이다. 그림 같은 초등학교 운동장에서 누이는 자전거를 타고 코흘리개는 풍선공을 차고. 임경업 장군의 원혼이 서린 마을. 배추밭 위에서 쓰러져가는 담배건조장을 카메라에 담는다.

날은 저물고 길 위에 섰는데 잘 곳이 없어 결국 수안보로 가는 버스에 몸을 실었을 때 이미 창밖은 어두웠다. 장군식당에서 정갈한 산채를 비벼먹고 인터넷이 있는 방을 4만원에 얻어 미지근한 온천수로 전신욕을 하고 빨래를 하고. 만보기는 29,092. 그 빨래에 줄줄 흐르는 물을 대야에 짜가면서 내일은 이곳 우체국에서 짐을 부쳐야겠다고 다짐한다. 참! S가 전화해서 사우나에 들러 발안마를 받으라고 했었는데, 처음으로 가벼운 물집이 생기고 왼쪽 엄지에 통증이 있다.

3만보를 걷고 지친 밤 메일을 쓰다가 침대에서 지도를 한 장 한 장 뜯어서 가야 할 길을 모자이크 하며 퍼즐을 맞추듯이 필요한 부분만 따로 모았다. 종이 한 장이 무거웠으므로.

살미면의 담배창고는 김장배추를 지키고…

2005년 10월 30일 오후 4시 29분

물안보 수안보 [10월의 마지막 날]

오늘은 다시 물에 잠긴 황강역 부근으로 돌아가야 한다. 전주해장국에서 시원한 콩나물을 들이키고 나서니 거리엔 씻은 듯이 사람이 없다. 잠시 컴퓨터에 앉았더니 다시 점심시간.

정오가 되면 방을 비워주든지 하루를 더 자든지 결정해야 한다. 메일이 전송되는 그래프를 바라보며 짐을 꾸린다. 꾸린다기보다 쑤셔 넣고 나머지는 비닐봉지에 밀어 넣는다. 드디어 메일전송 완료. 순두부 할머니한테 가서 막걸리와 두부를 시키며, 사진을 찍어도 좋으냐고 물었다. 무뚝뚝해 보이더니 '10년은 했나?' 한 마디 하신다. 두부를 자르는 칼맛에 삶의 의지와 결단이 담겨있다.

월요일 정오, 절에 다녀오거나, 충주에 다녀오는 마을 아주머니, 홍조를 띤 사람은 온천에 다녀온 사람들이다. 이여송은 이곳 물이 중국 여수보다 달다고 했다는데, '달내'는 '달다(甘)＋내(川)'로 '감천'이라고도 한다. 이곳 지명은 본래 안보(安保)로 '물 水'가 덧붙어 수안보가 되었는데 이곳 사람들은 '물안보'라고 한다는 김예식 선생의 말씀이 생각난다. 수퍼아저씨도 고개를 끄덕거린다.

산만 넘으면 연풍, 경북이다. 화개장터처럼 경계를 넘나드는 것이 인생인데 왜 압록강 부근을 생각하고 김동환의 '국경의 밤'이 떠오르는 것일까? 의식은 무섭다. 학문도 인생도 잘못하면 갈수록 이런 검은 안경을 끼게 된다. 파랑색 안경과 빨강색 안경의 삿대질! 그들은 안경을 끼지 않은 사람까지 콘텍트렌즈를 낀 것으로 치부하고 소맷자락을 끌어당긴다. 물안보에서 꼭 물안보 순두부를 먹을 필요는 없다. 물안보에서 재 넘어 연풍순두부를 먹는다면 곱절 좋을 수도 있을 것이다. 할머니는 10년 전에 연풍에서 이곳으로 건너왔다. 그리고 가을날 월요일 정오 이곳에 모인 아주머니들은 모두 연풍사람들이다. 망명자숙소가 아니다.

그 두부를 먹고 우체국에서 상자를 얻어 책, 유인물, 옷가지 그리고 가흥에서 산 접시를 집으로 보낸다. 짐이 한결 가볍다. 이곳 거리는 단선(單線)마을이 아니라 삼중(三重)마을이다. 큰길, 가운뎃길, 다리 건너 세 겹으로 되어 있다. 원천(源泉)은 다리 건너 00장, 00장 이름이 붙은 곳이라는데 내가 묵은 글로리아는 가운데 길로 목욕탕을 뜯어내고 새로 지었단다. 월요일의 거리는 한산하다. 가와바다가 설국(雪國, 눈마을)을 쓴 그 나른한 온천을 생각하고 웃는다. 눈 속에 김이 피어오르는 그런 한적한 마을은 어디 있는가? 상상은 설국인데, 오후 2시 나는 길 위에 있다.

정류장 벤치에는 뇌경색으로 거동이 불편한 중년이 투병 이야기를 하고 비슷한 경험이 있는 아주머니가 격려를 한다. '저 하늘을 보고 그만큼이라도 걸을 수 있다는 것이 얼마나 행복하냐고.' 나는 애써 외면한다. 가만히 집에 있어도 되는데 왜 길 위에 나섰을까?

당연히 나는 지금 서울에서 부산까지 죽령을 지나는 31개의 역을 찾아가고 있고 9번째 황강역을 물속에 두고 10번째 수산역 가까이라도 접근하고자 배낭을 다시 꾸린 것이다. 이 약국 앞 정류장에서 길은 좁아지고 곡선을 그리며 산으로 올라간다. 온천떡집, 온천고추, 온천기름집. 모두 야트막한 옛날 집들의 공통분모(共通分母)는 '온천'.

버스를 타는 사람은 모두 노인들이다. 운전수는 내리고 탈 때 백미러를 유심히 본다. 손님이 뜸한 향토음식 마을을 지나 고개를 돌고 느릅재[540m]에 오른다. 내 고도시계는 350~430m. 차이가 많은데 버스에 있어서 그럴까? 황강역 부근 제자리로 돌아가는 길에 잠시 미륵사에 들린다.

미륵사 : 이 절터에는 돌만 남아있다. 귀부(龜趺), 석등(石燈), 석탑(石塔), 불상(佛像) 등. 모두 일직선으로 정북(正北)을 향하고 있다. 저렇게 큰 귀부에 세워진 비석에는 얼마나 많은 사연이 있었을 것인가? 석등은 튼실하고 천정에는 불꽃을 모을 수 있도록 오목하게 구멍이 파여 있다. 마치 종 밑에 항아리를 묻어 그 잡음을 걸러내고 여운을 품듯이 그 아담한 등불은 꺼져 있다. 지금껏 보아온 석등 가운데 나를 이렇게 편안하게 한 것은 없다. 주막의 등불, 그 등불은 칠흑의 계곡에서 쉴 곳 알리는 등대일 수도 있고, 정인의 불꽃을 다스리는 촛불일 수도 있고 또 경상(經床)에 비스듬한 고인(古人)의 글을 비추는 전등(傳燈)일 수도 있다. 이 등불의 자리는 어디일까? 한 가족의 밤을 지키는 뜨락의 등불. 나는 잠시 이 등불 아래 친구들과 도란도란 밤을 밝히는 그런 꿈을 꾸어 본다.

미륵은 온유(溫柔)한 인상이다. 따뜻하고 부드럽다. 우러러 보는 이에게 편안한 미소를 보내는 그런 여유는 어디서 오는 것일

미륵사지 석등. 대좌의 연꽃 위에 봉오리가 맺혀있고 등불의 천정
에 불꽃을 모으도록 동그랗게 구멍을 파놓았다.

2005년 10월 31일 오후 2시 44분

까? 길섶에 부서진 석주(石柱)를 본다. 돌기둥에 피어있는 연꽃은 연석구화(緣石求花)인가? 맹자는 연목구어(緣木求魚)라 했지만, 보라! 사찰마다 추녀에서 우는 풍경은 모두 물고기 아닌가? 도(道)를 닦는 예술가는 항상 이 말을 염두에 두어야한다. 천년을 시들지 않는 꽃! 석수(石手)의 땀방울이 천년의 꽃을 피우는 것이다. 통일. 어떤 사람은 그 이데올로기를 이야기한다. 이데아(觀念)의 로직(形象化)! 얼마나 아름다운 말인가. 변질되기 전에는. 빈부귀천이 어떠하든 자신의 관념을 느낌으로 만들어낸 그 손길과 마음씨를 보라! 거기 어디 백제가 있으며 신라가 있으며 부처가 있으며 신도가 있으며 왕과 신하가 있는가! 내 얼굴이 이 불상을 닮았을 때 비로소 이 불상의 미소에 답할 수 있을 것이다.

미륵상은 네 개의 돌을 이어서 만들었고 가까이 가보니 그 대좌와 안정감이 전체의 균형을 잡았다는 것을 알 수 있었다.

덕주공주(덕주사는 바로 코앞에 있다)를 이 불상이 바라보고 있다는 정북으로 돌아서니 계곡은 온통 단풍의 폭포. 반공(半空)은 산정무한의 오색(五色)의 스펙트럼. 반공은 쪽빛 하늘! 귀로에 술취한 아낙네의 고성방가가 싫지 않았다. 단풍은 오히려 이들의 어깨춤을 즐기는 것 같았다. '방랑시인 김삿갓', '번지없는 주막' 초로(初老)의 할머니들은 가을이 주는 한줌의 '해방과 자유'를 만끽하고 있었다. 단풍산 공기가 달았다.

36번 국도 : 미륵사지에서 정류장은 겨우 10분 거리다. 황강역 부근의 36번 국도로 나가기 위해 버스를 기다리다 길을 묻는 안동 선남선녀(善男善女)의 차를 얻어 탔다. 송계계곡 길은 그대로

36번 국도는 월악산을 안고 돈다. 해가 서산마루에 다가가면 바로 어둠은 장막을 내린다. 한 줌의 햇빛이 논에 고인 물을 비추면 이제는 여관을 찾을 시간이다.

2005년 10월 31일 오후 4시 59분

단풍터널인데 그 선녀(善女)는

"정말 산호(珊瑚)의 숲을 헤엄치는 것 같아요!"

돌 만큼 돌고 이제 다시 물가로 돌아왔다. 월악대교에서 36번 국도를 만나 물에 잠겨 밀려난 황강역 부근을 걷기 시작한다. 송계의 흐름은 이 다리를 지나 호수를 만들고 넓은 만큼 호수는 깊이를 알 수 없는데 바다를 보는 느낌이다. 다리 한가운데서 모자를 날릴 듯 바람을 맞다가 돌아선다. 그 길은 한가하다. 곧게 뻗은 길을 가뿐하게 걸으며 어제의 피로를 풀어본다. 월악산의 정상이 저무는 햇살에 빛난다. 월악 유스호스텔을 지나며 월악의 정상(頂上)이 부처의 뒷머리를 닮았다고 생각한다. 모퉁이를 돌아서니 그 머리는 하나가 아니고 능선과 이어지며 누어있는 유인원(類人猿)의 형상이 된다. '큰 바위 얼굴'을 생각한다. 호수는 골짜기마다 물길을 만들고 산허리마다 이 길을 만들고 산봉우리는 석양을 이고 그 조화를 바라보고 있다.

형이 전화를 했다. 오랜만에 길을 걸으며 웃으며 큰 소리로 떠들어 본다. 이렇게 반갑고 또 편할 수가 없다. 정말 한참이나 이야기했다. 모퉁이를 돌아서는데 걸어오는 중년부부! 그들도 반가운지 손짓을 한다.

"일주일 걷는 동안 세 사람 만났어요. 저희는 모레면 돌아가요."

아마 일주일씩 백두대간을 길, 나루 할 것 없이 걷나보다. 고성, 설악, 한계령.

"이 앞에 여관이 있나요?"

"예에! 민박이 몇 군데 있어요. 저희도 송계에서 민박할 거예요."

민박 : 모퉁이를 하나 돌자, 어! '수산2리' 벌써 수산인가? '수산

(水山)'과 '壽山' 한자가 다른 두 마을이 한 군(郡)에 있어서 이 '수산'이 다음날 내 골치를 좀 썩였다. 날은 저물고 월악산을 7시간 걸었다는 등산객은 버스가 안 온다며 1시간을 정류장에서 기다리는데 세워주는 차도 없다고 투덜거린다. 이제 잘 곳을 찾아야 한다. 모퉁이를 돌자 전방 800미터에 '할머니 손두부—민박'이라는 플래카드가 걸려있다.

저 멀리 저녁 안개에 깔린 다리가 보이고 풍경은 회색이다. 개울에는 맨홀을 조르르 연결하고 그 위에 흙을 덮은 징검다리. 나무다리 이후의 포스트모던, 즉 포스트새마을다리라고 할까?

느티나무로 휘어진 새로 닦인 도로(534번 도로)의 끝에 마을이 있을 것 같다. 이 냇가의 할머니 손두부에도, 물놀이 손님을 위한 '뾰족상자' 민박집에도 인기척이 없다. 마침 돌아서는 버스를 타고 보니 모두 원로(元老)들!

"여그 장보구니 뒤에 신륵사 지나 월악산 등산로가 있는디. 넘어가면 덕주사고 거그 왕이 살았더래요."

지도를 보니 미륵사 597번 도로에서 산을 넘으면 바로 지금 이 자리인데 나는 36번 도로를 빙 돌아 온 것이다.

"민박은 많지요. 저 아주머니한테 물어봐요."

그 이장댁 수퍼는 민박도 겸하는데 또 캐비넷이다. 날은 완전히 저물었다. 바로 그 옆의 폐교는 새로 단장해 '충북도교위'가 인가한 '월악민속놀이학교'다. 학교 뒤에 신축중인 2층 건물 2동! 인부들이 웅성거리고 있다. 설왕설래하다가 교장선생님이 주무시고 가라면서 방을 내주신다.

저녁밥은 6시, 아침밥은 8시. 난데없이 서구식 유스호스텔의

독채를 얻어 15인 수용의 거대한 205호실에 여장을 풀고 마굿간에서 희미하게 말울음소리가 들리는 심산유곡(深山幽谷)의 온돌방에서 하루를 묵게 되었는데….

민속놀이 학교 [11월 1일 화요일]

어젯밤 이 민속놀이 학교 교장선생님이 찾아왔었다. 체육인과 무도인이 있다면 이 분은 후자에 가까웠다. 운동 탓인지 나이보다 젊어보였는데 대학원 재학 중 이론보다 실천이 급하다는 것을 깨닫고 6년 전 이 체험학교를 열어 벌써 3만 명이 이곳을 거쳤다. 팽이 돌리기, 고무줄, 굴렁쇠에서부터 승마, 두부 만들기 등 200여 종의 놀이를 통해 협동과 자주를 가르친다는 이 학교는 특이했다. 전국에 3천을 헤아리는 수련장이 있다는데 확실히 세상은 조금씩 변하고 있다.

이 마을 사람들은 물론 농사짓고 약초 캐고 또 버섯 따며 알차게 사는데 여름밤에는 뱀들이 몸을 말리려 시멘트길에 줄줄이 늘어졌는데 전등 하나 들고 포대에 주워 담으면 큰돈이 된다고 한다.

지도(地圖) : 오랜만에 상쾌하게 깨었다. 아무 장치가 없는 방에서 자고 깨어나는 것이 선방(禪房)에 든 기분이었다. 월악산은 월출산을 닮았다. 그 산자락에 희끄므레 아침이 밝아오고 나는 그 미명(未明)을 마시며 열심히 지도를 들여다보았다. 충주에서 단양으로 가는 36번 국도. 그 사이에 황강과 수산, 충주시, 제천시

전형적인 두메산골 흙벽의 초가삼간. 성공한 대약진운동 새마을운동으로 초가를 벗고 슬레이트를 얹었는데 그것도 이제 소용이 없다. 돌담과 풀이 무성한 마당과 달랑 기둥 하나로 버티는 툇마루 시멘트 냄새를 맡은 토방을 눈여겨보자! 감은 익고 고추는 시 들고 주인은 집 떠난 지 오래 되었는데 방에는 빛바랜 가족사진이 걸려있다. 이 집이 복원되어 교육의 현장이 되었으면 한다.

2005년 11월 1일 오전 9시 13분

와 단양군이 남한강을 따라 나란히 서있고 대동여지도나 교통지도나 모두 정동으로 일직선으로 이 지명들은 줄을 서고 있다. 500여 개의 조선시대 역들이 30리를 기준으로 한다면 이 네 개의 역은 90리, 40km정도일 것이다. 황강은 물속에 있다고 하니 월악나루 근방일 것이고 그렇다면 수산은 단양과 중간일 텐데 김예식 선생이 주신 지도에는 덕산면 계란(鷄卵)리 어근으로 되어있다.

산책(散策) : '계란리, 계란리' 중얼거리며 개울가로 나가니 족히 200년은 더 된 느티나무가 서너 그루 형제처럼 일가를 이루고 있다. 그리고 고추밭 사이에 지난날의 가난을 말해주는 폐가(廢家) 한 채! 들어가기도 겁이 났지만 아주 천천히 발걸음을 옮겨보았다. 툇마루, 뒷박만 한 방 두 칸과 무릎으로 기어야 할 정도의 문짝과 닫힌 부엌. 잠시 마루에 앉아보니 이곳이 체온이 스민 훌륭한 쉼터일 수 있다는 생각이 들었다. 이 슬레이트 지붕도 새마을사업 이전에는 초가였을 것이다. 프랑스의 건축가는 226cm(사람이 손을 뻗으면 천장이 닿는 그런 높이)가 가장 쾌적하다면서 설계에 응용하기도 했는데 지금 한국 아파트의 천정높이도 대부분 이와 비슷하다. 팔을 뻗으면 네 벽이 닿는 8자 정도의 한 칸을 6자도 못 되는 이 집에서 새삼 느껴본다. 체온이 식어버린 명함 크기 흑백사진을 모아 걸어둔 그 빈집의 주인은 충주로 이주했다고.
　　교정에는 암탉이 달걀을 낳았고, 두부간에는 솥과 땔나무, 낙엽이 아름다운 은행, 마부는 11마리의 말을 돌보면서 6마리는 여기서 새끼를 본 것이라는데 토끼도 100여 마리 키우고 있었다.

수산역을 찾아서 : 늘어놓은 것이 없었고 갈 길도 정했으니 아침

을 먹고 손쉽게 짐을 꾸렸다.

"덕산면까지는?"

"한 10리? 40분이면 가요."

'그럼 나는 2시간이면 되겠군!'

우선 덕산면으로 나가 제천시지의 교통(交通)과 역원(驛院) 부분을 복사하고, 수산면을 들러보고 잘 곳을 찾으면 되니까. 이때까지 제천시에 이미 지나온 덕산면 수산리(壽山里)와 수산면(水山面)의 '수산'이 있는 줄은 몰랐고 더구나 대동여지도에는 '수산면'이 현재의 '水'가 아닌 '壽'로 뒤바뀌어 있는 것도 몰랐다. 그제 약 3만보, 어제 오후에만 1만 2천보 정도 걸었으니 오늘은 아침부터 걷는다면 좀 편하게 걸을 수 있을 것이다. 양평에서는 백운산이 따라다녔는데 어제부터 따라다니는 월악산은 언제까지 나를 쫓아올까? 길가의 억새를 뽑아보니 쉽게 꺾이지 않는다. 백발을 우습게 보았더니 줄기는 싱싱하다. 그렇지! 저런 흰 빛은 빛이 아니냐? 지금은 억새의 한창 때겠지! 그 꽃술은 의외로 부드럽다. '산전마을' 정류장에서 내피를 벗어 배낭에 묶었다. 지난번에 수건을 잃어버려 이번에는 단단히 묶었다.

산전리 : 가파른 산! 음식과 말씨와 기질! 부론면을 벗어나 충청북도에 들어서면서 지금까지 이곳은 강원도에 가깝지 서해안의 충청도가 아니라는 생각이 끊이지 않는다. 우리나라 산지비율을 높이는데 충북은 한몫하는 것 같다. 마을로 휘어지는 길을 보며 '있다면 한두 가구(家口)겠지.' 하는데 비알밭에서 노부부가 콩을 걷고 있다. 저 마른 줄기에 과연 콩이 몇 개나 붙어있을까? 이미 겨울인데 볕만 들면 얼굴이 따가울 정도다. 산골에서는 중얼

여기서도 왼쪽에 월악산의 봉우리가 보인다. 트럭이 올라오는 길은 마을길이고 왼쪽 전신주가 이어지는 곳이 내가 걷는 길이다. 마을길 왼쪽 오른 쪽은 모두 밭인데 오른 쪽 봉우리를 보면 왜 밭이 산을 넘어가는지 알 수 있을 것이다. 옹기종기 마을지붕이 안고 있는 동그란 동산이 풍수로 본 황금달걀이다. 왼쪽 봉우리가 월악산 정상.

2005년 11월 1일 오전 10시 57분

거리는 소리도 계곡에 울려 멀리 그리고 크게 들린다. 사람은 안 보여도 소리만 있는 그런 이상한 산골. 그 비알밭을 올려다보니 밭이 고개를 넘어가고 있다. 정말 구름위에 밭이 있다고 표현할 수밖에 없다. 구름이 이는 곳에 인가가 있다는 유명한 단풍시가 기억난다.

그 고개를 넘어간 밭을 한참 들여다보며 마루턱을 굽이굽이 오르자 숨었던 마을이 드러나고 계곡은 경사의 빈틈없이 밭이다. 비알밭이 아니라 벼랑밭이라고 해야 할 정도로. 마을 앞의 동산은 농구공을 반으로 자른 듯 죽은 데가 없는데 마을이 만삭(滿朔)의 산모(産母)처럼 이 알을 품고 있다. 금계포란형(金鷄抱卵形)의 땅에는 큰 인물이 나온다는데 이 마을에 어떤 아이가 자라고 있을까?

고개를 넘으니 달롱실[月弄里]. 달을 희롱(戱弄)하는 이 마을은 월악산의 영향일까? 가을이라 그런지 윤택해 보이고 산비탈의 배추는 영락(零落)없는 강원도의 고랭지배추다. 턱밑에 학교가 보이면 이런 시골에서는 어김없이 면소재지다. 이제 리 단위는 쉽고 면 단위도 걷기에 무섭지 않다.

수석(壽石) : 덕산면에 들어서서 개울가의 수석 가게를 기웃거리다가 커피를 한 잔 얻어 마시게 되었는데, 주인[김용래]은 돌을 보여준다. 산수화를 빼닮은 것은 1천만 원! 망치로 때리면 쇳소리가 나는 수형(樹形) 오석(烏石)은 150만원, 쓰다듬으면 온기가 느껴지는 오석은 350만원. 작은 것은 몇 만 원짜리도 있다. 또 옛길 이야기를 꺼내자, 마침 타이탄을 몰고 온 이수만 씨도 지도를 뚫어지게 보더니 거들어준다.

"면사무소에 가 봐도 별 수 없어요. 여기 봐요! 이 길은 지금 포장되었는데, 도적바위! 그래 그 바위 지나면 계란리, 계란재 넘어 장회나루. 더 가면 바로 단양. 안 그래! 우리 어른들 장에 다니시던!"

여러분도 지도를 펴고 이 충주호 아래 제천시 덕산면을 펴놓고 '계란재', '도둑바위'를 한번 찾아보시라. 지도와 현실감각과 게다가 시계를 뒤로 100년이나 돌려놓으면 객지에서 얼마나 황당한지?

이 집 이층은 만석의 간디학교 선생님 숙소라는데 그 학교에 꼭 가보고 싶지만 시계는 12시 가까이. 잠시 10분 거리의 면에 다녀오겠다고 배낭을 맡겼다. 또 낯선 공무원과 정말 엉뚱한 자기소개를 해야 한다고 생각하니 배가 고팠다. 면으로 가는 골목은 어깨가 닿을 정도로 좁고 처마는 이마에 닿았다. 광산촌에서나 보는 골목집을 여기서도 본다. 길가의 음식점이나 농기계수리센터는 중국의 농촌을 연상케 하는데 신축건물조차 시멘트와 페인트 냄새가 배어나 어색했다.

면직원은 친절했다. 제천시 문화관광과 권기은 연구사와 통화를 했으므로 쉽게 시사(市史)를 찾아 필요한 부분을 복사했는데 '추정(推定)'만 있었다. 이야기가 무르익자 흥미를 보인 총무팀장은 정문까지 배웅하며 정원의 회화나무를 자랑한다.

"저 나무가 우리 면의 특작인 부르컬리를 닮았어요! 이 회화나무는 2천년 전 중국에서 들여와 사대부집에만 심을 수 있었는데 과부가 많은 안동에 맹사성이 부임하여 이 나무를 심자 탈이 없었답니다."

간디학교 교실. 벽면을 가득 채운 그림과 좌석배열이 색다르다.

2005년 11월 1일 오후 1시 44분

간디학교 : 돌아오는 길에 간디학교에 참관할 수 있느냐고 전화했다. 어차피 어제부터 역로에서 벗어나 우회하고 있으니 오늘은 끊어진 길로 되돌아가는 것이 급선무다. 타이탄으로 두 수석집 사장과 함께 일대를 둘러보기로 하고 우선 간디학교에 들렀다. 인내심을 갖고 정중히 선생님을 기다렸는데 미술 선생님은 바쁘고 교과과정 담당 선생님에게 몇 마디 자주성, 자기 계발에 대한 이야기를 들었다. 게시판에 '분재', '달동네 철거문제', '경복궁' 등의 토론수업 내용과 2005학년도 졸업논문 제목, 추천도서 등이 붙어있었다. 오늘은 특별한 교과수업이 없는 계발활동의 날이라는데 운동장에서는 자유 복장으로 야구와 농구로 먼지를 피우고 있었다. '자아를 찾아서' 이곳에 온 도시 학생들! 만감이 교차했는데 내가 그리던 학교와는 거리가 있었다.

타이탄학술조사단 : 김사장은 가게를 닫고 서울 간 부인이 오면 주라고 열쇠를 이웃에 맡겼다. 나는 그저 돈을 내고 타이탄을 빌려 이 두 전문위원의 가르침대로 도적바위를 지나 충주로부터 단양으로 이어지는 옛길을 학습하기로 했다. 이름하여 '타이탄학술조사단'. 호수가 막아버린 길을 이으려고 이렇게 멀리 돌아야 한다는 것이 의아했다.

도기리는 면소재지와 불과 5리 거리지만 온도차가 5도고, 문수봉(1161.8m) 옆 모녀재를 넘으면 바로 경북 문경이다. 그러고 보니 일요일부터 충청도와 경상도의 경계선인 월악산 공원자락을 따라 다니고 있다. 물이 맑다는 수청거리를 지나 도적바위에 이르렀는데 김사장은 바위틈에 들어가 도적 흉내를 낸다. 길가에 돌출한 관문(關門) 같은 거대한 바위를 살펴본다. 계곡과 아스팔트를 벗기면 그 길은 틀림없이 덕산면 사람이 단성(단양은 수몰로 구단양과 신단양으로 나뉘는데 본래의 단양)으로 장을 보러 가던 오솔길이다. 그 산길의 절벽과 바위틈의 소나무는 정말 아름다웠다. 학(鶴)만 한 마리 날면 그대로 동양화! 뒤에 수산면에서 들으니 그 냇가의 바위가 더 걸작인데 여인의 궁둥이를 닮았고 또 그 위에 얹힌 바위가 꼭 배낭을 올려놓은 것 같아 마고할미 질빵(배낭)바위란다.

계란재, 드디어 죽령 옛길목에 다시 서다 : 두 사람은 한참 상의하더니 그대로 직진 드디어 36번 국도로 나와 계란재에 차를 세우고 한참 덕산면(수산역)으로부터 단양까지의 길을 설명한다. 김사장은 계란재의 동쪽으로 길옆을 가리키며 여기서 산으로 올라가 저 미루나무 따라가다가 저 고개에서 이 36번 국도를 가로질러 장회나루터 물속으로 들어간 것이 단양 가는 옛길이라고 열을 올린다. 물론 서쪽으로도 산기슭에 물이 찰랑이고 있는데 충주 가는 옛길이 그 물속에 있다고 한다. 나는 마지막재에서 빙 돌아 이 자리에 섰는데 아무래도 다시 충주까지 되돌아 가야 할 것 같았다.

　인적이 끊어진 단양 가는 오솔길을 한참이나 바라보았다. 길은 수백 년 행인들이 밟고 밟아 땅이 굳어졌는지 풀이 웃자라지 않아 의외로 또렷했지만 원근법도 필요 없이 곧장 사라져 버렸다.

가을소풍 : 타이탄 학술단의 주제는 마친 셈인데 기왕 집을 나섰으니 차도 있겠다. 해질녘까지 이 마을 산수구경을 하기로 한다. 김사장은 단양 쪽으로 장회나루의 다리 옆에 차를 세우고 다리에서 사진을 찍으라고 한다. 이건 나하고 의견일치다. 흙탕물의 땟

관호 엄치욱(觀湖嚴致郁)의 옥순봉(33.8X27.9cm, 국립중앙박물관 소장). 김홍도
와 같은 시기의 화가로 오른쪽 아래 말을 타고 오는 선비가 보이는데 이것이 물에 잠
긴 옛길이다.

국이 조르르하던 도담삼봉에 실망했던 기억으로 시큰둥했었는데 눈이 시릴 정도의 푸른 호수와 하늘 그리고 단풍의 봉우리가 호수에 잠긴 그 모습은 온갖 시름을 씻어버리고도 남았다. '우화등선(羽化登仙)' 동파는 꼭 알맞은 말을 했다. 나루터에서 갑자기 불어난 군중을 헤치며 두 사람은 열심히 물속으로 들어간 길 이야기를 했지만 토막토막 끊어진 길은 이미 없다는 것을 이렇게 실감한 것도 새삼스러웠다.

　길이란 A장소에서 목적지인 B장소로 이어져 사람과 재화를 이동시킬 수 있을 때 의미가 있는 것이지. 분단(分斷)! 삼팔선이 있는데 벤츠가 무슨 소용이 있겠는가? 문제는 내 머릿속에서 수산역과 단양이 연결되지 않는데 있었다.

옥순봉 : 장회나루에서 차를 돌려 계란재로 되돌아와 옥순대교를 향하며 여기가 또 물에 잠긴 충주 가는 길이란 말을 건성으로 들었는데 지도에서 그렇게 여러번 동그라미를 했던 원터〔院坮〕가 이곳이라는 것을 지나쳤다. 옥순대교를 건너 옥순봉을 바라보면서 또 길 이야기를 했는데 나는 경치에 팔려 있었다. 〈댐이 없던 조선시대에 하인을 거느린 양반이 바위 아래 이 길을 걸어가는 엄치욱의 그림을 단양군지 편찬위원실에서 이틀 뒤에 보았다.〉 길 옆의 검은 바위는 검은 칠을 한 듯한데 본래 갈색돌이 햇빛을 받으면 흑인처럼 검은색으로 변색하는데 그들은 '양석(陽石)이 잘되었다' 라고 말한다.

　이 위원들은 차를 마시며 한참이나 나를 관찰했다. 자신들의 노력〔교육〕의 효과가 보이지 않았던 모양이다.

옥순교에서 바라본 충주호. 단풍은 월악산을 치장하고 돈은 장회나루에 날린다는 말이 실감나는데 충주호 조난사고 등을 무릅쓰고 왜 이 배가 만원인지 가을날 여기 와보면 알게 된다.

2005년 11월 1일 오후 3시 20분

"수산역에서 충주가는 봉화재 길은 꼭 보여 드릴게요. 그 길로 돌아갈 거니까."

학생(?)은 또 표정이 없었다. 그저 걸었던 이 20일 동안 자동차라는 그 프레젠테이션은 버전이 안 맞았나?

정방사 : 두 사람은 절에 들러보자고 한다. 나는 배가 고프다. 유람선은 쉴 사이 없이 오가고 그때마다 강에는 붉은 꽃이 흐른다. 이 자동차 핸들만 한 송이버섯을 땄다는 둥, 어느 산에는 어떤 약초가, 또 어느 산에는 어떤 돌이, 이런 이야기를 듣다가 자동차는 마치 엘리베이터처럼 하늘로 올라간다. 나는 그만 내리고 싶은데 '이런 건! 고속도로지 뭐!' 두 사람은 전혀 놀라지 않는다. 정방사. 과연 절벽 위에 남한강을 굽어보고 월악산을 거머쥐는 경치는 절경이었다. 이 수직 절벽으로 관음보살상을 끌어 올리던 일, 계단을 쌓은 일 등을 쉴새없이 자랑한다.

차를 세우니 다시 직벽인데 동력을 이용해 짐을 끌어 올리는 궤도(레일)가 보인다. 관음전 불상 뒤는 그대로 벼랑인데 마애불이 새겨져있었다. 관음전 주춧돌은 인왕산에서 보는 직벽의 너럭바위를 미끄럼틀에 매달린 어린애처럼 위태롭게 디디고 있었다.

해는 저물어가고 청풍대교를 건너자 호수에는 수변 무대 그리고 솟구치는 분수! 청풍문화단지에서 객사를 찾아보려는데 허사! 도대체 이 충주호는 얼마만한 물을 품고 산자락을 삼키고 있는 것인가?

다방세미나 : 내장탕을 먹고 충주 마지막재로 가는 봉화재 길을

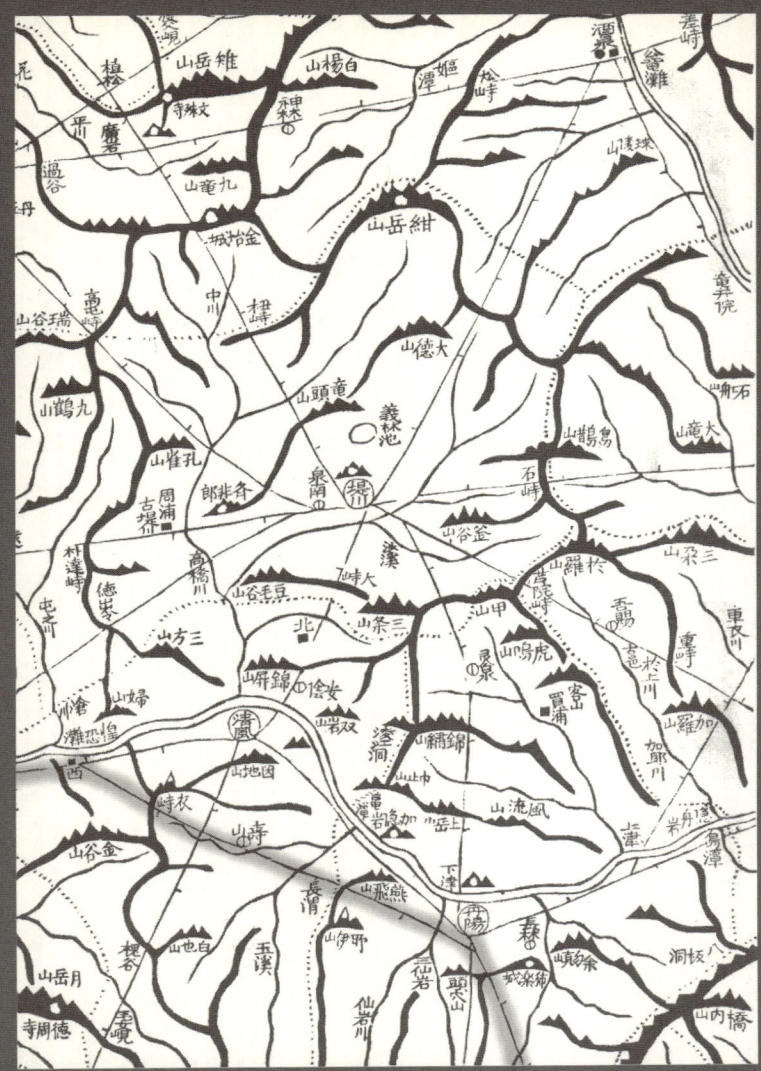

남한강 청풍 아래 오치(衣峙)봉화대가 보인다. 그 오른쪽에 수산(壽山-10)-장위(長渭) 지나면 단양 장림(長林-11)인데 역 표시를 왼쪽으로 옮겨야 할 것 같다. 이 역에서 죽령이 시작된다.

올라가 보자는데 나는 지쳤다. 숙소이자 수산역이 있을 수산면으로 돌아와 다랑다방에서 차를 한잔하며 지도와 종이를 꺼내놓고 오늘의 경로와 충주 단양까지의 길을 재검토하는데 김사장의 선배들이 들어와 합석하여 때 아닌 세미나장이 되었다. 김사장은 발이 넓다. 소장수가 계란재에서 이곳을 지나 봉화재 건너 황강역을 지나 청주 우시장에 가는 이야기, 그 지나는 곳곳의 지명, 내 손은 바쁘게 움직였다. 내일 전화하기로 하고 그분들의 성함과 전화를 모두 적었다. 희미하게 줄거리가 잡히지만 머리는 더욱 복잡했다. 물에 잠긴 길 때문에〔원터-수산면(내가 있는 곳)-오티-봉화재-덕골〕길이 물 속에 잠기며 결국 나는 단양 쪽 계란재에서 시작해 거꾸로 충주로 걸었다가 다시 단양으로 가기로 했다.

　김사장 친구가 경영하는 농원모텔에 다랑다방 김 마담이 전화로 뜨거운 물을 확인해 준다. 인적이 끊기고 안개가 이미 이불을 편 그 길을 헤치고 숙소 앞에서 우리 학술단은 해산했다. 타이탄의 꼬리등은 이내 안개 속에 사라지고 나는 무서운 영화에 나오는 그런 성을 닮은 여관과 함께 어둠 속에 남았다.

역말의 마구간을 찾아서 〔수산 11월 2일 수요일〕
어제 지루한 이야기를 했지만 여정을 정리하는 소득은 있었다. 오늘은 수산면과 단양의 경계 계란재에서 충주로 거꾸로 올라가는 조풀막-원대리-수산면-(비석거리-장승백이)-오치-봉화재(성황당)-덕골-서유석낚시터-서창-황강-목벌리-원터-다시 보는 마지막재에서 끝날 것이다.

주막의 아침 : 이틀간 온돌방에서 잤다. 욕조는 없었고 온도를 맞추기 매우 어려운 샤워꼭지만 있었다. 6시에 샤워꼭지를 세면대에 얹어놓고 손바닥 넓이의 목욕수건으로 등을 문질렀다. 그런 대로 개운한데 사위는 귀곡산장처럼 조용하다. 차라리 음산한 곡소리라도 있었으면 안심이 될 듯하다. 100번 안내 전화를 돌리니 뜻밖에 통화가 된다. '혹시 커피라도 한잔 할 수…???' 대답이 없다. '아니면 아침을 먹을 데는??' 배낭에서 커피봉지를 꺼내들고 뜨거운 물이라도 얻어볼까 하는데 '지금 내려오세요!' 의외로 대답은 간단하다. 마당을 가로질러 강당만 한 식당에 들어가니 부부가 아침을 준비한다. 두 채의 건물에서 우리 세 사람이 어젯밤을 보낸 것이다. 무뚝뚝한 주인이 어제 수석(壽石)하는 김사장의 친구다. 사연을 듣더니 계란재까지 태워다 줄 테니 빨리 밥을 먹으란다. 사실 거기까지 걸어갔다가 되돌아오기는 싫었다. 건성건성 반쯤 비우고 커피 잔을 들고 마시며 짐을 싸며 내려오니 주인은 시동을 건 채 기다리고 있다. 활터에 약속이 있다고? 궁사(弓師)를 몰라 뵈었다.

김사장은 오치에 사는 고모가 예전에 소장사들의 소죽을 끓여주었다면서 저기 들러보라고, 오치에서 손가락질하고, 봉화재길 가르쳐주고, 면사무소 손가락질하며 내가 돌아올 길을 가리키다가 원대리에서 내려준다.

"더 궁금한 게 있으면 저 모퉁이 활터로 와요!"

거꾸로 가는 길, 조풀막 : 나는 36번 국도 계란재 어제 그 자리에 던져졌다. 배낭과 함께. 동쪽은 충주, 서쪽은 단양인데 길섶은 자갈이 섞인 벼랑밭으로 미끄러지면 그대로 물속으로 곤두박질할 형세다. 마른 콩이 이슬에 젖어있고 물안개는 아주 서서히 향불을 피우듯 계곡에서 강심으로 미끄러져 간다. 국악의 여린 음으로 아주 느리게…. 우아한 신부가 치맛자락을 끌듯 강 위를 미끄러져 간다. 볼쇼이의 백조의 호수의 한 장면. 전라도의 살풀이의 정지된 화면처럼 아주 느리게 사라진 길을 음미하고 추억하고 위로하고 안타깝게 그리워하는 몸짓으로 산자락으로 숨은 해는 비스듬히 산 그림자를 만든다. 그 그림자가 옛길이라는 듯이.

이슬을 차고 조심스레 콩밭을 거닐며 지난 며칠, 그리고 흘러간 60년 세월과 그리운 사람들을 생각해본다. 그리고 단양 쪽으로 모퉁이를 돌아본다. 도둑고개에서 흘러내린 이름 모를 샛강이 호수와 합수하는 자리에서 고개를 들어 어제 잠시 차를 세웠던 계란재를 올려다본다. 그리고 돌아보니 여기는 36번 국도. 댐이 들어서지 않았다면 이 도로는 수몰된 조풀막 앞을 지나거나, 지금 그대로라면 조풀막의 지붕 위를 달리고 있을 것이다. 호수자락의 물에 반쯤 잠긴 수양버들은 마을 길가의 그 수양버들인지도 모른다. 흐름이 만들어준 모래울에 웃자란 풀 사이를 지나며 물안개는 멋들어진 곡선을 그리고 재빠르게 치맛자락을 흘리며 강심으로 스며든다. 스메타나가 옆에 있다면 나의 조국 몰다우강을 휘파람으로 불러줄 것인가? 드보르작이 있다면 타향살이의 설움, 현악사중주 아메리카를 읊조릴 것인가.

원대리 : 서서히 36번 국도를 거슬러 충주 쪽으로 올라간다. 국도

라고 하기에는 차들의 왕래가 거의 없다. 이곳은 아침이 늦다. 여주에서도 그런 느낌이었는데 안개 탓일 것이다. 해가 늦잠을 자니까 국도를 걷고 있지만 눈은 강을 바라보고 마음은 그 물속을 본다. 산 그림자는 단풍을 안고 호수를 물들이며 옛길을 가리킨다. 강 건너 옥순대교로 가는 길갓집 5~6채의 원대리가 보인다. 어제 자동차로 이미 답사한 길이다. 한때는 한잔 술로 나그네의 땀을 들이는 주막으로 번성했고 그 나그네를 재워준 보금자리 광산이 들어서며 강변의 주막은 커져 5~60호가 넘었다는 그 집들은 모두 저 물 그림자 아래 깊은 잠에 빠져 있다. 실향민들이 물속의 옛집을 꿈꿀지도 모를 호숫가에 길을 닦는 인부들이 트럭을 세워 놓고 장비를 점검한다.

"4차선으로 늘리는 겁니까?"

"아니요! 길을 잡는 겁니다."

"길을 잡아? 어떻게? 때려잡아? 바로잡아?"

서로 웃는다. 무리하게 깎은 절벽은 위태롭다. 강변으로 길을 조금 밀어내는 일을 이 사람들은 하고 있다.

"여기 차 한 잔 마실 데는 없나?"

"저기 주요소 옆 팔경휴게소로 가세요!"

천천히 그리고 이제 편하게 갓길을 걸어 수산면에서 흘러드는 다리에서 수렁논이 되어 볏짚이 썩어가는 늪지를 바라본다. 오리들은 신이 났다. 두루미는 점잖게 날개를 펴 선회하며 물 위를 거울삼아 제 모습을 비춰보고는 안심한 듯 논둑에 앉아 졸고 있다. 철쭉과 진달래가 붉고 산새소리가 아름다웠을 서쪽으로 정삼각형의 야미산(약 500m)이 보인다. 등을 돌려 동쪽으로 막 안개를 걷은 해를 바라보다가 휴게소에서 커피를 마신다. 여기는 잘 곳이

무심코 지나쳤는데 말을 매어 놓고 운동을 시켰다는 느티나무
2005년 11월 2일 오전 9시 14분

거의 없는데 이 2층은 여름에 민박으로 붐빈다고.

수산면 : 수산면은 코앞이다. 모퉁이는 걷기에 아무 부담이 없는 아주 부드러운 언덕. 이 길이 마을길인지 36번 국도인지 알 수 없다. 길가의 느티나무는 언덕에 있어 그 위용(威容)을 더한다. 춘추 250년 22m. 그 나무에 아침해가 걸린다. 나무 목(木)자를 써 놓고 그 위에 해 일(日)자를 쓰면 동녘 동(東)자가 되는 시각에 그 그늘에서 잠시 쉰다. 초등학교와 중학교가 공학하는 교사(校舍)와 운동장을 바라본다. 진작 공부는 기초학교 9년과 고등학교에서 박사까지 이원화했어야지! 학교를 지나니 세 갈래 길! 남한강, 이포대교에서 여기까지 수석가게는 이어진다. 이곳은 어제 이미 지나갔었다. 면사무소에 들러 행정지도를 얻고 권기은 연구사에게 감사 전화하고 청풍문화권 전문가를 소개받고 돌아서다가 실로 우연히 이 마을 노인회장 성종대왕 14대손 이양훈(李樑薰)옹(翁)을 만났다.

"거! 공문서 발송하던 역말이요? 마방자리가 저 축협자리지."
"네에!! 마방이요?"
"학교 앞 느티나무에는 말을 매놓고 운동을 시켰고."
"저 앞에 마구밤골길은 밤나무하는 '밤'이 아니고 '방' 즉 마구방, 말에 소용되는 도구를 고치던 마구방길이었지!"
"요즘말로 카센터나 자동차정비공장이라는 말씀이지요?"

이 회장님을 모시고 어제 세미나를 했던 다랑다방에서 다시 토론을 개시!
"대동여지도에 의치〔衣峙, 옷의 훈차(訓借)〕라는 곳이 지금 '오

이량훈 옹. 다랑다방에서

티' 또는 '오치(吾峙)'라면, 그 오른쪽이 바로 여기 수산이잖아
요. 그리고 '수산〔壽山〕'으로 쓰였으니 지금 수산(水山)이 잘못
된 것이지요. 또 충주, 황강, 수산, 단양이 각각 3~40리라면 지금
거리와도 딱 맞고."

　그 한 시간 남짓은 이 글에 녹아 있거나 후술하기로 한다.

마방(馬房) : 우리는 인사를 하고 헤어졌다. 정오! 배가 고프지
않다. 걸어서 2~3분! 수퍼 겸 터미널의 정류장과 휴게소를 겸한
가게를 지나, 여인숙 겸 다방을 지나 수석가게 손짜장집 옆이 축
협이다. 마방! 그 자리에서 오른쪽이 '마구밤길'이 아닌 '마구방
길.'

　그 옆에 축협과 폐가들. 이 자리가 마구간이라니! 온천이라는

수산면 야미산 아래 '마구밤골'로 와전된 마구방길 표지. 처음으로 그 지명을 보았다.
2005년 11월 2일 오전 11시 41분

지명에서 뜨거운 물이 나온다더니 마방자리에 축협이 선 것인지. 그 땅의 인연이 새삼스럽다. 그 담벽에 어제 정과장이 보내준 수산역의 역사를 붓을 빌려서라도 남겨놓고 싶다.

수산역은 청풍부에서 서남쪽 25리에 있고, 큰 말이 3필, 기마(騎馬)가 5필, 짐말(卜馬)이 3필이 있었고, 역졸(驛卒)로 남자 55명(口), 여자 45명(口)이 있었다.

마구방길은 기름집과 식당 등 한가한 시장골목이다. 몇 집을 지나니 옛날 논이었다는 주택가 그리고 한두 집 건너 큰 길, 다시 면사무소, 북서쪽으로 몇 걸음 걸으면 네거리와 논밭, 타이탄 학술단의 김사장은 친구도 많다. 유람선 사장, 김마담, 모텔사장, 그리고 저 길가의 새로운 주막 짠지식당주인도 모두 그의 친구다. 표지판은 삼거리인데 사거리다. 내 지도의 청풍 가는 82번 도로 따라 조금 걸어 **장승거리**에는 서툴지만 온 힘을 다해 쓴 선정비 몇 개! 이옹은 여기 장승을 세우고 싶어 했다. 동감이다. 조금 더 올라가니 바로 '**오티(오치)**'인데 한가롭게 소를 풀어 밭갈이 준비하는 농부가 인사한다. 길가의 오치는 한 10가구? 지금은 여관업은 없고 오직 농사만 짓는다. 이제 봉화재로 좌회전할 차례다.

봉화(烽火)재 : "고개까지 멉니까?", "한 5리? 10리? 고갯길이라서." '설마 저기 산봉우리 안테나 있는 곳은 아니겠지.' 하면서 우습게 보았는데, 결국 그 안테나까지 갔다. 그 안테나 자리는 바로 봉화대로 충주의 마지막재와 단양으로 중계되는데 봉화따라 길따라 옛길은 함께 간다는 말이 생각난다.

고흐의 점심. 고흐는 농촌 풍경을 즐겨 그렸고 그것이 유럽의 시민시대를 앞당겼다고 나는 믿는다. 노동과 그 땀을 빚은 밥은 성스럽다. 나는 이 이름없는 예수들에게 성찬 (聖餐)으로 세례(洗禮)받은 기분이었다. 맨 오른쪽이 '돈이 없어 비가 새는 슬레이트를 못 고치는 덕구실의 이옹수', 앞에 배낭이 내 살림살이이자 앉았던 자리.

2005년 11월 2일 오후 1시 3분

중턱에서 농부들을 만났는데 고된 가운데 낙이 있다. 국수도 얻어먹고 소주 한잔! 메엑스웨엘! 그 니끼한 커피도 마셨으니. 일단 사일표음(一簞食一瓢飮)이라는데 과식했나? 이용수 씨는 '돈이 없어 비가 새는 슬레이트를 못 고치는 이용수' 라고 자못 긴 자호(自號)를 소개하며 고개 넘어가면 '서유석 낚시터' 를 찾으라고 신신당부다. 서유석, 그 이름은 낯익다.

돌고 돌아 재에 오르니 길은 세 갈래. 이제 내리막인데 성황당도 당산나무도 없다. 비탈엔 온통 사과만 붉고 마을은 텅 비었는데 개 한 마리가 짖으니 동네 개가 모두 짖는다. 그래 짖어라! 나는 간다. 사과밭에서 겨우 만난 아주머니에게도 서유석은 유명하다. 이 고개를 내려오면 끝인 줄 알았는데 한 구비 더 저 언덕을 돌아가라고 한다. 덕골에서 길이 물에 잠겼다는 말을 귀가 아프게 들었는데 역시 그대로다.

물 위를 걷는 남자 : 드디어 서유석 낚시터에 이르렀다. 해는 뉘엇하다. 입간판을 보고 핸드폰을 하니 서너 가구 집 가운데서 건장한 사나이가 나타는데 알고 보니 '해방의 기쁨' 우리는 동갑. 내가 한 달 형이었다. 결국 배를 빌려 그 물에 잠긴 길 위를 달려보기로 했다. 기름을 가득 싣고, 옷을 한 벌 더 입고, 구명조끼를 걸치고 물 위를 달리기 시작했다. 생각보다 물길은 거칠고 배밑창이 파도를 치는 충주 쪽으로 남쪽에 서청, 황강, 한천, 역말, 북로, 상로, 문하리, 남벌, 북벌, 원터 등의 마을이 있었고, 마지막 재를 넘으면 충주 연원역인데 문하리와 길 건너 꽃바위로는 다리가 놓였었다니 이 호수는 다리도 품고 있는 셈이다.

용궁이 된 황강역[9] : "황강역이요? 확실해요! 우리가 거기 중학교(공민학교였는데) 국민학교 다 나왔어요. 거기 면사무소가 있었는데, 역말도 있었고, 강 건너에 서창, 상명호, 하명호, 오추왓, 소탄, 난골, 꽃바위 마을이 있었고 댐이 있고."

배는 거침없이 일직선으로 마지막재를 바라보고 달렸다. 서유석은 석양에 빛나는 노랑 은행나무를 가리키며 그곳이 절터였고 왼쪽에 비탈진 밭이 보이느냐고 묻는다. 파도소리에 그의 고함은 묻힌다. 그 물 아래 역말과 면사무소와 학교가 잠겨있고 30리 좌우에 수산과 충주 연원역이 있다고 팔을 휘젓는다.

여지도서에 황강역은 청풍에서 서쪽으로 30리에 큰말 3필, 기마(騎馬) 3필, 복마(卜馬) 5필에 역졸은 남 54명, 여 50명이라고 기록되어 있다.

11마리의 말을 100명이 관리하며 충주와 수산을 오간 것인데 물속에 잠긴 길에서 그들이 걸어가는 모습을 그려보았다.

배는 쉽게 충주 쪽 원터에 닿았는데 낚시배가 있는 곳은 수심 3미터 정도. 터덕거리는 소리가 거슬렸지만 곧 안심이 되었다.

몇 일만에 충주 가는 마지막재 아래에 돌아온 셈인가? 어쨌든 원을 그리고 빙 돌아 제자리에 온 것이고 물 위로 옛길을 걸은 셈이다. 그 아래에 원터가 있으니 오늘 수몰된 두 곳의 '원터'를 본 것이다.

물에 잠긴 황강역 터. 노랑 은행나무가 절터고 왼쪽에 비탈진 밭이 보인다. 그 물 아래 역말과 면사무소 학교가 잠겨있고 30리 좌우에 수산과 충주 연원역이 있다.

2005년 11월 2일 오후 3시 33분

산마루 오목한 곳이 일주일만에 되돌아 온 충주의 '마지막 재' 다. 고개를 내려와 비탈을 따라가면 9번 황강역 그리고 봉화재를 넘어 오치에서 10번 수산역을 거쳐 장회나루를 지나면 단양의 11번 장림역인데 대부분 호수에 잠겼다. 이 물길때문에 수안보와 민속놀이학교를 돌아 거의 일주일을 허비했다. 다시 걷는다면 충주의 8번 연원역에서 마지막 고개를 넘어 이 나루터에서 배를 타고 서유석 낚시터로 가면 수산까지 하루면 될 것이다.

2005년 11월 2일 오후 3시 49분

주막의 등불 : 물 위를 걸어 돌아오는 길에 봉화재의 안테나가 선명하게 보이는데 그것은 SK의 송신탑! 그 자리도 숙명의 인연인가? 나루에서 커피를 한 잔 얻어 마시고 옛길 이야기는 끝이 없는데 오늘은 좀 일찍 자야 한다. 단양을 지나 죽령을 넘어 경상도에 있을 몸이 충주에서 책을 뒤지며 나흘 그리고 나흘만에 다시 충주로 U턴했으니 웃음이 나온다. 배를 타기 전에 덕산면의 타이탄학술단이 마중 오겠다고 했고, 또 택시를 부르면 홀 만원이라니 걱정은 안 했는데, 내 신세타령을 듣고 자문에 응하고 또 강의도 해주고 커피도 끓여주고, 뱃삯도 깎아주고 부부가 차를 몰고 내가 못 본 성황당도 보여주고 버스길까지 데려다 주겠단다.

"허, 참! 유석이 형 덕을 보는구라! 글쎄!"

우리는 또 다른 서유석을 이야기하며 웃었다.

잿빛 하늘 아래서 그 삼거리의 봉화재 성황당-봉화재 주막거리는 유리창이 떨어져 나간 단 한 채의 집이 적막했다. 초가에 슬레이트를 씌우고, 흙벽돌에 시멘트를 바른 것이 분명했다.

"이 길로 버스가 다녔어요."

"그 전에는 물론 말이 지나갔겠지요."

"여기 저기 집터 7~8채? 우리 옆집 아주머니도 여기서 한밑천 했다는거 아니유."

요즘 같으면 별 3~4개 호텔이 여기 있었다. 그리고 저 느티나무는 얼마나 많은 이야기, 그리고 바람보다 무심한 세태와 그 변모를 지켜보았을까. 우리 사람은 늙어 가지만 세상은 젊어지는 겁니까, 늙어가는 겁니까? 나는 그 느티나무 서낭에게 묻고 싶었다. 안주인이 운전했고 바깥주인이 해설하고 그저께 민속학교를 찾아

삼거리주막과 성황나무. 주변에 7~9채의 인가가 있었다. 문경새재 이후 처음 보는
성황나무 주막인데 차에는 서유석 부부가 타고있다.

2005년 11월 2일 오후 5시 15분

가던 그 36번 도로의 정류장은 코앞이다. 또 제자리에 돌아온 셈
이다.

　나는 허리 숙여 정중하게 두 번 절을 했다.

박가분 할머니 〔11월 2일 수요일 밤〕

버스는 쉽게 오지 않는다. 지금 바로 5시 30분에 있다고 뛰어가라
고 하더니 50분 차라고 하고. 그리고 또 늦는다. 좀 추울 뿐 지금
까지 걸어왔는데 차를 기다리는 것은 아무것도 아니다. 덕산면에
간다는 '박가분 행상 경력 30년'의 아주머니, 36번 국도의 비밀을
이야기한다.

　장회나루에 몇 리를 빼먹고 지나치는 것이 아쉬웠다. 밤 버스는
겨우 서너명을 태우고 덕산면, 수산면에 들러 단양으로 가는데 내
발자국이 묻어있는 그 길이 어두운 차창으로 스치자 쓸쓸함이 밀
려왔다.

　"이 길이요! 17년 되었는데, 전에는 논이었지. 버스! 저 성황당
길로 다녔어. 나도 거기서 소 댓바리 해왔는데 이 집에서 말아먹
고."

　정말 불행을 많이 겪었다. 아들을 잃으며 장기기증을 하고. 또
다른 아들은. 그 어미의 심정이 어떠했겠는가? 그 할머니가 이 밤
중에 추수로 돈이 생긴 시골에 물건을 주러 나섰으니. 그래도 손

주 다섯에 영감 건재하고. 이 길 건너 비탈에 용바우가 있어 큰 인물이 날 거라니 '큰바위 얼굴'인데.

"내 보아하니 고생은 끝나고 이제 좋은 일만 있을 것이요. 영감을 부처님으로 알고 조석공양 잘 허소!"

내 덕담에 이 할머니는 어린애처럼 밝게 웃는다. 나도 어두운 밤길에 등불을 보듯 따뜻하게 웃는다.

버스는 헤드라이트로 밤을 가르며 조용히 달린다. 남한강을 끼고 달리다 다리를 건너고 시가지의 불빛을 지나쳐 다시 어둠의 강변을 달리고는 대낮처럼 밝은 상가의 불빛에 빨려든다. 그 환한 불빛들은 마치 영웅을 맞이하는 퍼레이드의 환영 인파 같다. 실내등을 켜고 보니 운전수는 나와 거의 동년배다. 친절하게 사무실로 데려가 커피도 한잔 주고 밥집도 걱정해준다. 장다리식당에서 시골밥상을 받았는데 방송에 나올 만했고, 오랜만에 싹싹한 인사를 받았다. 남한강에 걸려있는 다리의 오색등이 황홀해 강가의 리버텔에 숙소를 정했는데 방이 더웠다. 빨래를 담가놓고 그래도 몇 자 적어두려 컴퓨터를 켰는데 유에스비 포트는 앞에 없고 컴퓨터는 의자도 없이 침대 끝에 걸터앉아야 하는데 워드패드를 이용해 텍스트파일로 몇 자 두드렸다.

나는 지금 이상한 일을 하고 있다. 원시적 첨단! 걸어서 옛길을 찾는 원시적 방법과 실시간으로 친구에게 편지를 보내는 첨단의 컴퓨터! 그 틈새에 정말 무능한 내가 끼어있다. 평생 차만 타고 다녔고, 또 컴맹인 이 최악의 조합이 어떤 결과를 만들지….

10 단양의 장림역

옛길 수소문 〔11월 3일 목요일 아침〕

아침에 깨어 현관을 열고 보니, 아! 만산의 붉은 잎을 강에 드리우고 그림을 그린 다리는 하늘에 무지개를 걸었다. 고수동굴로 이어진 다리에 다가서자 난간에 화분. 그 눈부신 꽃을 아주 살짝 꼬집어보았다. 아니? 살아있는 꽃!

우거지국으로 해장을 하고 PC방을 찾아 나섰는데 게임 전용과 문서작성 겸용으로 구분되었다는 것을 처음 알았다. 한 집 허탕치고 '올뱅이 PC방'을 찾아 밀린 일기를 썼다. 기운이 떨어진 것을 일의 속도로 확인했다. 정오를 넘겨 메일이 전송되는 것을 바라보면서 커피를 마신다.

PC방을 열고 나오면 항상 어지럽다. 점심을 거르고 여관에 돌아왔는데 쉬 낮잠이 오지 않는다. 전화를 들어 단양면에 또 옛길을 묻는다. 마침 군지를 편집하는 사무실이 2층에 있다는데 뜻밖

고수동굴로 이어지는 이 다리는 한 폭의 그림이다. 물그림자와 어울려 삼각형의 산은 마름모꼴이 되고, 반달의 난간은 보름달이 되었다. 명경대를 연상하는데 한강의 흐름이 이렇게 고요할 수 있을까?

2005년 11월 5일 오전 10시 18분

에 그 읍사무소가 여관에서 5분 거리! 2층에 올라가니 두 위원이 반갑게 맞으며 몇 가지 이야기를 해보았지만 전공분야(?)도 아니고 옛길의 가치에 고개를 갸우뚱하면서도 자료를 복사해준다. 특히 단원과 엄치욱 옥순봉 유람도는 새로웠다.

"상상일지 모르지만 단원은 여기 배를 그렸는데 엄치욱의 유람도에는 말을 타고 가는 것을 보면 길이 있었다는 것 아니예요?!"
그렇다! 길이 이어졌거나, 거기까지는 길이 있었거나. 뒤에 이 그림을 여러 사람에게 보여주었는데, 이 절벽을 따라 소풍을 가기도 했고, 지금도 나룻배로 건너가면 절이 있단다. 그 그림은 실경 즉 사실이었다. 행정지도는 없다. 홍보실에 가보라고...허기지고 발을 옮기기 힘들었다. 오후 4시-마침 길 건너 지적공사가 있기에 또 들러 신세타령(?)을 해보았지만 분야가 다르다. 한강을 굽어보는 위풍당당한 군청의 구호는 '관광'이다. 이구동성으로 단양은 가고 싶은 곳 제주 다음으로 2위라며 자부심을 보인다. 분명 아름다운 곳이다. 홍보실을 겸한 부서는 한참 바쁘고 배가 부르다. 말하자면 은행잎은 길에 떨어지고 지폐는 장회나루에 흩날린다. 어떤 운전수가, '와! 장회나루에는 돈을 자루에 쓸어담드만!' 했으니까.

몇 번 경험으로 5층의 산업과에 들렀더니 젊은 기사가 시원스레 5만분의 1 지도와 '참! 충청북도 도로망도 있으면 좋잖아요.' 머리가 좋다. 그 지도는 참 유용했다. 내려오는 길에 그래도 문화관광과에 들렀다가 한참 푸대접을 받고 있는 나를 불러 세운 청백리가 있었는데 단구 선생. 그가 차 대접을 하며 지도를 펴놓고 한강의는 인상적이었다. 한마디로 '단양 중심의 방사선 경제문화 지리학'인데 제천, 영월, 충주, 영남으로 연결되는 단양중심론은 충분히 수긍이 가고, 그 중심론은 김예식 선생의 충주중심론과도 상통했다.

장다리식당에 다시 나타난 내 몰골은 좀 볼만했을 것이다. 식욕도 힘이 있을 때 이야기다.

"힘들어 보이시는데 겨우 비빔밥으로 되겠어요?"

"된장은 따라 나오겠지. 뭐?"

벽에는 후광, 운정 등등 휘호와 삼도지사의 친필 사인 등이 붙어 있다. 마늘밥으로 이름난 이 집의 식탁에는 마늘이 수북하다. 비빔밥을 시켰는데 반찬이 상에 그득하다. 그 힘인지 인심인지 밤늦도록 일을 했다. 내 단골 '올뱅이 PC방'은 학생들 차지. 자리가 없어 두 집을 헤매다 겨우 한글이 깔려있는 자리를 얻었다. 인적이 끊긴 밤에 맥주를 밤공기에 섞어 마시며 돌아왔다. 여관은 골방이어서 따뜻했지만 답답했다.

구단양으로 〔11월 4일 금요일〕

올갱이 해장국을 먹었다. 다시 단골 PC방을 찾아가 내 자리에서 오전 내내 메일을 만들었다. 다행히 인쇄를 할 수 있다. 어제 샤프펜과 테이프, 수첩 등을 산 문방구에서 지금까지 쓴 메일을 책으로 묶고 나니 가뿐하다.

일을 끝내니 빨리 이곳을 탈출하고 싶다. 두리뭉실 짐을 싸고

오래된 마을로 보이지만 구단양은 물속에 있고 이 집들은 겨우 산으로 밀려와 지은 지
20년 남짓이다

2005년 11월 6일 오후 3시 35분

또 올갱이 해장국으로 점심을 먹었다. 시내버스를 타고 구단양으로 가는 그 아름다운 길에서 졸고 나니 단양! 왜 이렇게 옛날에 집착하는 것일까? 온양, 옥천, 김천 등 구읍이 고스란히 남은 곳은 많지 않다. 그리고 신단양은 옛길과는 아무 관련이 없으니 구단양에서 곧장 죽령으로 가야 하는데 메일과 숙소와 지도 때문에 신단양에서 이틀을 보낸 것이다. 찜질방도 있고 민박도 있다고 했는데 찜질방은 오늘 휴업! 마침 머리방이 있어 한숨 돌릴 겸 머리를 자르고 배낭을 풀고 면도기를 꺼냈다. 수염을 깎고 나니 한결 개운하다. 중년부인들과 기회를 놓칠세라 우시장, 군청, 학교 등 올드타운 이야기를 하는데 믿기지 않을 정도로 모두 물에 들어갔다 한다. 고향이 수산이라는 오치댁에게 봉화재 가는 길을 물으니 오치도 1구, 2구해서 마을에서 바로 올라가는 길이 있다 한다. 수몰이야기를 하던 이정남 여사는 뱃사공 서유석 이야기를 하다가 가수 서유석의 '말레이시아의 봄' 이야기를 전해준다. 참! 세상 좁다.

옆집 민박은 공사판이 벌어져 점동면 여인숙에 이어 또 만원. 또 다른 민박집 백마식당을 소개했는데, 머리 깎는 사이에 또 사람이 차서 다시 '거리의 남자'가 되었는데 할 수 없이 신단양으로 가는 막차를 타고 밤을 보내기 위해 나는 되돌아왔다.
투숙객 사우나무료라는 말에 신데렐라 모텔에 들었는데 창문이 강을 향해 열려있다. 상쾌하다.

단성에서 장림[11]으로 [26일째 11월 5일 토요일]

일어나자마자 목욕탕에 몸을 담그니 개운했다. 얼마만인가? 너른 탕의 뜨거운 물에 몸을 푹 담근 것은. 강변은 고요하다. 맛집식당에서 된장국을 아주 맛있게 먹었다. 할머니가 매우 친절했다. 알고 보니 증조할머니인데 며느리들을 일찍 본 것이다. 방송에 나올 만하다. 진열된 도자기가 마음에 들었고 수석도 깔끔했다.

군데군데 붙어있는 수양개학술토론회 포스터가 궁금했는데 수양개전시관이 있어 들어가 보니 인적이 없다. '수양개'는 지명으로 석기유적이 다량 출토된 갯가로 나루가 있었으며 그 건너편에 꽃거리라고 불린 주막이 있었다. 유물은 모두 새 전시관으로 옮기려고 짐을 꾸려 현재 휴관중! '꽃거리'는 주막과 기생이 있던 거리인데 기생을 '꽃'으로 미화한 것이다. 동국여지승람(東國輿地勝覽)에 '앵원(鶯院)'이 있는데 '앵(鶯)'의 훈이 중세에는 '곳고리'였으니, '꽃거리[紅燈街]'를 빗댄 조선시대의 유흥가였을 것이다.

이 거대한 3층 건물에서 유일한 인기척이 있었는데 노인회 사무국장인 그는 인상 그대로 '중원사람!'

"충주 말을 표준말로하자는 논의가 있었습니다."

주시경 선생이 그런 주장을 한 것도 같고, 명치유신후에 그 원훈의 고향인 야마구찌(山口) 말을 일본의 표준어로 한 일도 있는데, 이유인즉

"충주 말에는 군더더기가 없습니다. 꼬리를 달지 않고 '그랬습니다', '저랬습니다.' 딱 끊어지게 하지요!"

충주(忠州)와 청주(淸州)의 머릿글자로 충청도(忠淸道)가 생겼는데, 정확한 말씨와 단아한 자세의 이 중원사람에게서 왜 충청도

가 양반마을을 자부하는지 그 전통을 읽을 수 있었다.

광장에는 홍수 표지가 있는데 이곳에서는 목계 이하의 70년대 홍수와 달리, 댐을 만들어 저장한 물이 넘친 90년대 홍수가 더 문제였다. 그 물에 도담삼봉도 바위 한 귀퉁이가 부서져 나가고, 창남대교도 시멘트 공장에 쌓아놓은 드럼통들이 물에 쓸려 교각을 치는 바람에 주저앉았다고 한다.

이제는 정말로 단양으로 가야 한다. 햇빛은 다사롭고 늦가을의 푸른 강물은 단풍을 안고도 잔잔하다. 버스를 탈까 하다가 그 아름다운 길이 관광호텔과 만난다고 하니 그냥 걷는다. 이 산책로는 우리나라 도시에서는 가장 아름다운 길일 것이다. 한강과 단풍, 절벽을 따라 자전거보도에 장미터널을 만들고 스피커에서는 '옛 시인의 노래'가 흘러나온다. 끊일 듯 다시 이어지는 그 노래를 따라 부르며 걷는다. 낙엽은 꿩이 나른 자리처럼 갑자기 후두둑 떨어져 발끝에 채인다.

구단양 : 다시 옛길 위에 섰다. 단양에 돌아오니 군민체육대회 줄다리기가 한창이다. 이런 잔치를 구경하는 일은 정말 익숙지 않은데, 쉽게 어울려 고기를 얻어먹고 원로들을 물색해서 이야기를 나누는데 옛길의 회상은 지난 며칠의 이야기와 크게 다르지 않다.
'장회나루의 다리 옆에 주막이 있었다. 옛길은 모두 물에 잠기고 36번 도로는 산을 깎아 만들었다. 시장은 물속에 있다. 봉화대는 저 앞산인데 여기서도 봉우리가 편편하고 우뚝 선 느티나무가 뚜렷이 보인다. 향교는 그대로다! 이 모퉁이를 돌아 고속도로 밑

'옛 시인의 노래'가 흐르는 강변산책로. 조금 더 가면 장미터널이 이어진다.

2005년 11월 5일 오후 12시 24분

으로 가면 대강면(장림역이 있는 곳이다)을 지나 용부원 거쳐 죽령으로 이어진다.' 등등

이미 오후 2시. 흠! 장림에서 곧장 죽령을 넘으면 경상북도! 그 죽령에만 가면 신문방송에 뻔질나게 나오는 '죽령옛길'. 그러면 이제 그 사람들 이야기를 들으며 그냥 걷기만 하면 된다. 그 죽령은 내게 스트레스였다. 훌쩍 가면 될 것을 수없이 얼마나 걸리느냐고 물었었다. 3~4시간에서 5~6시간! 누구도 6시간을 넘지 않는데 고개 넘어 잘 곳이 있느냐? 먹을 곳이 있느냐? 아마 에베레스트에 가는 사람도 이렇게 망설이며 꼬치꼬치 묻지는 않았을 것이다.

이 마을 향토사학자들의 권유로 10분이면 된다고들 하지만 택시를 불러 전에 들러본 적이 있는 적성비에 다녀왔다. 고속도로에 감기고 휴게소의 뒷동산이 된 그 산성 밑에서 그냥 돌아 나왔다. 그리고 여기서 10리 장림역을 그리며 걷기 시작했다. 마루턱에서 다시 단양을 되돌아 내려다보며, 이렇게 완형을 갖춘 것처럼 보이는 마을이 신단양에 이어 또 다른 새로운 단양이라니? 진짜 단양은 지금 물속에 있다니. 나는 세 번 고쳐 생각하고 고개를 넘었다.

옛길은 물론 이 고개에서 왼쪽으로 '꽃거리〔鶯院〕'를 지나 '단종의 눈물'과 '뗏목아리랑'의 고향인 영월로도 가겠지만 오른쪽으로 곧장 죽령을 넘어 영남으로도 이어졌을 것이다. 눈앞에는 반달 모양으로 산굽이를 마름질하듯 버선코처럼 동그랗게 죽령천〔사인암에서 흐르는 강과 대강에서 합수하므로 또 다른 이름이

산비탈엔 200여 미터 물러난 중앙선 단양역. 이 '뒤뜰' 마을은 당산나무만 남겨놓고
모두 이주했다.

2005년 11월 5일 오후 3시 7분

있다]이 흐르고 그 분지에 단성의 '뒷들'이라는 '뒤뜰'이 있었는데 이 마을은 느티나무와 당집만 남겨놓고 모두 죽령을 향해 물러 앉았다. 이 마을 사람이 오직 단양(단성)을 바라보며 살 때 이 죽령천을 넘나들던 '출렁다리'는 모두의 추억이었는데 떠내려가고 지금은 버려진 시멘트 다리에 중앙선 단양역도 200여 미터 뒤로 물러나 산으로 올라갔다.

다시 만난 중앙선 : 양평에서 정철의 관동별곡과 함께 중앙선을 원주로 보냈는데 1940년의 중앙선은 이곳으로 다시 돌아와 경주까지 함께 갈 것이다. 고개를 내려오면서 지금 걷고 있는 이 36번 도로가 아닌 옛길의 흔적을 강가에서 부지런히 찾아본다. 멀리 보이는 느티나무와 당집, 텃밭에 고목이 된 감나무와 돌무더기는 분명 '뒤뜰'의 흔적이다. 다리 옆 그 옛날의 방앗간이 제철을 만났다. 주인은 뽀얗게 왕겨가루를 뒤집어쓰고 분장실에서 루즈를 바르지 않고 나온 삐에로처럼 눈만 깜박이는데 마을이야기를 열심히 해준다.

11번째 단양 장림역 : 다시 대강면을 향해 곧장 남으로 걷는데 강변의 느티나무들이 너무 아름답다. 북상리! 단구 선생은 여기 마방이 있었다는데 그 자리를 짚어줄 사람도 흔적도 없다. 다시 다리 아래서 놀고 있는 아이들을 바라보며 길 위에 나서니, 표지판은 영주로 36번과 5번 도로의 표지판이 나란히 붙어있고 왼쪽 언덕에는 중앙선 철도 오른쪽 구름다리 위로 중앙고속도로 그 사이에 역삼각형의 정점에서 나는 죽령을 바라보며 걷고 있다. 이 길조차 얄미울 정도로 말끔하게 포장되어 있지만 나는 쌍견에 좌의

정 우의정하며 근대화를 데리고 가는 역사의 화신인가? 어두워가는 하늘이 점점 어깨 위로 내려앉는 그런 시간, 주유소 옆에 민박의 간판이 보이고 구도로가 산 쪽으로 휘어지며 면사무소가 나타난다. 총무팀장과 면장과 역마을 이야기를 해보지만 정확한 장소는 알 수 없다. 다만 지금의 농협자리가 그곳이라는 희미한 이야기뿐. 그 자리를 다시 확정해야 하는데,

"여기서 구 단양까지의 거리는?"
"한 10리 됩니다."

그렇다면 이곳에는 단양군의 동쪽 10리에 있으며 연원도(충주의 연원역)에 속한다. 큰말 1필, 기마 2필, 짐말 6필 ,남자 종은 17명, 여자 종은 8명, 최소 9필의 말을 25명이 돌보고 있었다는데.

그리고 이 장소가 확정되면 사방으로 그물망처럼 온 나라 500여 개의 역을 추정해볼 수 있는데.

생각해보니 : 결국 충주의 찰방역 연원에서 마지막재를 넘어 서유석 낚시터에 전화로 배를 빌려 황강역을 지나고 나루에서 봉화재를 넘어 오치를 지나 수산역을 지나고 계란재를 넘어 구단양을 왼쪽에 끼고 이곳 장림역에서 죽령을 넘는 것이 그나마 충청도의 역을 지나는 옛길일 것이라는 생각이 든다. 이틀이나 사흘이면 되는 길인데 길이 끊어져, 또 잘 곳이 없어 월악산 경상도 경계를 큰 원을 만들어 돌고 여기 온 것이다.
잘 곳이 마땅치 않아 망설이다가 단양팔경의 하나인 사인암의

북상리의 죽령천이 남한강으로 흘러가고 있다 왼편에는 단풍이 된 느티나무가 즐비한데 말을 맨 흔적은 찾을 수 없다.

2005년 11월 5일 오후 3시 46분

새남 민박에 숙소를 정하고 택시를 불렀다.

사인암 계곡 : 실제로는 좀 더 걸었지만 옛길의 여정으로는 단성 (단양)에서 장림역(현 대강면)까지 10리, 약 4~5km를 걸었다. 택시 운전수는 죽령의 '다자구 할머니' 이야기를 하는데 죽령의 도둑들을 관군이 습격하는데 도둑들이 깨어있으면 '더 자구' 잡 들면 '다 자구'라는 암호로 정보전을 폈다는 줄거리. 그 사이 사 인암에 도착했다.

절경은 그 도입의 과정이 중요하다. 베토벤의 운명처럼 '절정 (주제)'을 먼저 제시하고 거꾸로 과정을 호소하는 경우도 있지만 도입-전개-절정의 순서가 잔잔하다. 어렸을 때 어머니의 손을 잡 고 끝날 것 같지 않은 계곡을 걷고 또 걸어 화엄사의 일주문을 바 라보고, 끝없는 숲의 터널을 지나 대흥사의 부도에 다다랐을 때의 감흥이 새롭다. 자동차로 바로 그 일주문에 이른다면 서울역 앞에 불쑥 나타난 남대문과 무엇이 다르겠는가? 이 계곡도 택시로 지 나친 것이 아쉬웠다. 어느 금요일 밤에 중앙선 단양역에 아이들의 손을 잡고 내려서 느티나무 아름다운 죽령천을 지나 대강면에서 이 계곡을 따라 10km를 걷고 사인암을 만나서 이 민박에서 검은 콩 막걸리에 산더덕을 된장에 찍어 먹고 한잠을 잔 뒤, 아무 생각 없이 저녁 사인암, 아침 사인암을 거닐다가 다시 기차를 타고 일 찍 돌아간다면 그 열차에서 많은 것을 얻을 수 있을 것이다.

개울에는 우탁(1263~1342) 선생의 기념비가 있다. 어릴 때 이 곳에서 공부해서 사인(舍人) 벼슬에 올라 이 바위의 이름이 되었 다. 그의 백발가(白髮歌) 2수(首)는 가장 오래된 시조의 하나다.

겨울비 속의 우탁기념탑. 산 그림자에 그의 넋이 떠는 듯 백발가를
불러본다.

2005년 11월 6일 오후 1시 20분

춘산(春山)에 눈 녹인 바람 건듯 불고 간 데 업다.
져근 듯 비러다가 마리 우희 불니고져
귀 미테 해 묵은 서리를 녹여 볼가 하노라.

늙는 것을 한탄한 시라고들 하는데 주역을 동방에 전한다〔그의 호가 역동(易東)〕는 포부의 대가가 자신의 늙음을 한탄한 것만은 아닐 것이다. 시대의 노쇠를 한탄하며 봄 산에 눈을 녹일 새로운 사상과 기운을 한탄했을 것이다.

심마니 산신령(山神靈) : 민박집 주인인 영주댁은 경북에서 죽령 넘어 강원도로 시집왔다.
 "서울 갔더니 바람이 찐득한데 여기 오니 까시라와요! "
 바람이 찐득해서 다리에 끈적거리다가 여기 오니 시원하다는 말을 '까시럽다'고 한다.
 된장찌개를 먹었다. 산신령이 나타난 것은 이때였는데 속성은 함안 趙(조)씨! 약초를 캐는 이 40대는 해병 중사로 6년을 근무하며 산소통에 의지해 잠수정으로 50시간을 견딘 의지의 사나이다.

 "산이 신령이지, 산신령이 따로 있다고 믿지 않아요!"

 그 사이 비가 내리고 또 쉴 겸 그와 이틀을 보낸 셈인데 산삼, 더덕, 장대, 주치, 오가피 등 모두 산초로 담근 술을 내게 권했다. 산초 가지를 벽에 걸어놓고 비린 국에 넣어 끓여주는데 본인은 먹지 않는다. 산짐승들이 비린 것을 싫어한다고. 산에서 짐승을 만나면 가만히 있거나 제 갈 길을 가도록 피해주는데. 한번은 다람쥐만 한 새끼 멧돼지가 귀여워서 절에 데려와 스님과 쓰다듬고 있다가 어미돼지가 쫓아와 그르렁거려 혼비백산했단다. 한참을 씩씩거리던 돼지는 보살이 던져준 고구마를 먹고는 인사도 없이 새끼를 데리고 돌아갔다고 한다. 산에 갈 때는 꼭 술 한 잔과 안주 하나로 산신령에게 '길제사'를 지낸다. 급취장을 번역하다보니 2천년 전에도 '양(禳)'이라는 길제사의 풍속이 있었다.

이야기는 끝이 없다. 어릴 때 투망하던 이야기. 피라미, 쉬리 (이런 영화가 있었다), 모래무지, 미꾸라지, 송사리, 꺽지, 쭉뱅이 (뚜꾸), 깔딱메기. 쏘가리가 겨울잠을 자고, 물고기들이 모이는 곳! 어부지리(漁父之利)의 그 지명은 모두 낯설다. 그만큼 나는 조국과 멀리 떨어진 이방인이거나 망명객의 낯선 느낌을 지울 수 없다. 우리 문학이 약점을 보이는 가장 중요한 부분이 자연과의 친화다. 서양의 글들에는 굴뚝새니 개똥지바퀴니 자연이 자신의 이름을 갖고 독자와 대화를 하고 풀 향기와 냄새를 전하고 노래하며 독자를 애무한다. 우리 한시(漢詩)에 '원숭이 울음'이 자주 등장하는 것은 모두 양자강 남쪽 중국시의 모방이다. 두견이나 꾀꼬리나 심지어 제비까지 현대도시인에게 더 이상 모습을 보이지 않는다. 흥부의 제비는 아이들에게는 먼 강남의 이야기인지도 모른다. 북경에서 식물표본을 산 일이 있는데, 파브르의 곤충기뿐 아니라 식물기를 흉내 내 식물채집을 하고 싶은 것이 또 하나의 소망이다.

상황버섯은 신기했다. 자신도 포자가 나무 속에 자라는 것은 처음 보았는데 산림청에 보고했다면서 잘라낸 부분에 진흙을 바

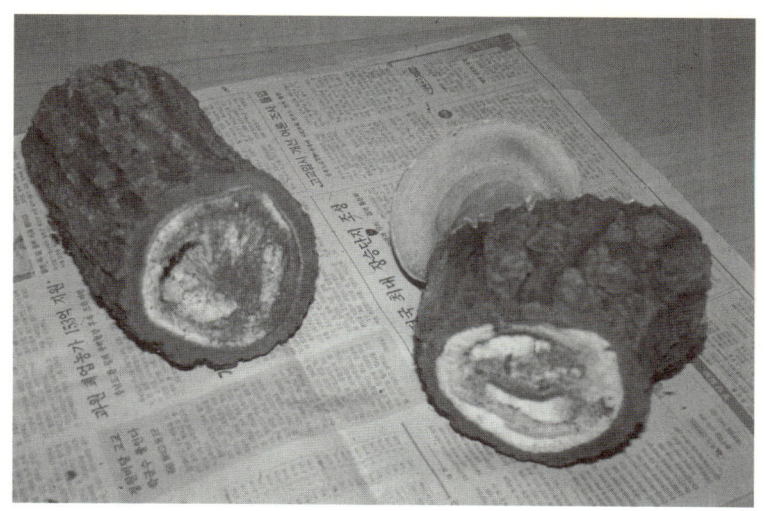

10년 자란 상황버섯. 버섯은 돌처럼 딱딱하고 그 안쪽은 우단처럼 빛난다. 참나무 속에 포자가 자라서 밖으로 꽃을 피운다. 버섯을 기르는 것은 수액과 세월일까?

르고 낙엽으로 싸매 그 나무를 보호해 두었는데 물론 그 장소는 본인만 알고 있다. 가장 인상적인 것은 10년에 걸쳐 만든 약초 지도로 3백장의 노트는 빈틈이 없었다. 생태 지도로 이만큼 정성을 들인 것은 쉽지 않을 것이다. 설악산의 약초는 씨가 말랐고, 어느 곳은 농약의 영향으로 오염되고 심지어 밭에서 바람에 날려 온 농약조차 산의 정기를 버린다고 생각하며 오직 이곳의 산만을 신봉한다. 죽령에는 미국에 수출하는 청정 사과가 있는데 산에서 내려올 때 한두 개 얻어와 껍질을 벗겨준다. 약을 달일 때 뿌리는 뿌리끼리. 줄기, 잎, 열매도 모두 같은 종류로 나누어 복용하는 것이 좋다고 한다. 실제 열매보다 뿌리가 약효가 있다는 이야기도 하고.

산에서는 뒤를 따라오는 사람이 무섭다. 뒤통수를 맞으면 산삼을 쥐고 죽을 수도 있다. 엉뚱한 곳으로 돌아가서 따돌려야 한다. 길을 알고 있는 사람을 이길 수는 없다면서 어떤 산악인을 1시간 전에 올려 보내고는 뒤따라 돌아 올라가서 헉헉거리며 올라오는 그를 기다리고 있었다는 일화를 들려준다. 싹이 떨어지면 못 사는데 욕심으로 약초의 싹도 자르는 후배를 야단하고 등산로의 작은 돌들은 뒷사람이 다칠세라 치우며 오른다고.

산은 그의 삶터요, 농장이다. 자라는 것을 보고 순을 주고 성장하는 것을 바라보며 자신의 지도에 표시한다.

밥상에는 김치, 산나물, 더덕에 된장국을 끓이고 식전에 오미자 뿌리를 끓인 차를 곁들이고 식후에는 숭늉과 사과를 준다. 동창으로는 햇살이 들고 공기는 맑고 이야기는 산에서 자라는 약초들! 여기서 요양하며 병을 고쳐준 사람들 이야기도 즐겁다.

집 떠난 지 27일째 〔11월 6일 일요일 아침〕

상쾌하게 푹 자고 맑은 공기를 마시며 깨었다. 민박을 꺼렸는데 잘했다는 생각이 든다. 손을 씻고 있는데 아침 준비를 알린다. 양미리를 된장에 넣었는데 여기서 먹는 그 양미리는 맛이 있다. 비가 온다. 송이 채취는 11월 20일이면 철이 끝난다. 아침을 먹고 그가 송이산이라고 부르는 기암절벽의 틈에 자라는 소나무를 올려다보며 비에 젖은 낙엽송을 본다. 그는 그 나무를 좋아하지 않는다. 쓸모도 별로 없고 이 산의 나무가 아니라는 선입견 때문일

돌은 바람에 깎이고 햇볕에 그을리며 눈비를 맞고 이끼와 솔을 기른
다. 흘러가는 물과 그는 얼마나 많은 이야기를 했는가? 그 물에 자
신을 비추며 얼마나 오랜 세월 스스로를 단장했는가? 돌의 표정.
그것을 나는 본다.

2005년 11월 5일 오후 1시 25분

까? '저 나무가 있는 곳에 화전민(火田民)이 있었다고 보면 돼요.' 그렇게 중얼거렸던 것 같다.

개울을 따라 내가 중사인암이라고 부르는 산책길을 따라 단양 팔경 속을 거닌다. 바위에 표정이 있다는 것을 처음 느꼈다. 초겨울 입동을 앞두고 비에 젖어 바람을 맞으며 층층이 명암을 만들어 강물에 파르라니 떠는 그의 심성을 나는 보았다. 그 물가를 오르며 내리며 골짜기 실폭포의 물소리. 그리고 소리 없이 강물에 젖어 떠내려가는 낙엽. 모두들 단양팔경이라 부르는 데는 그만한 이유가 있는 것이다.

점심을 먹고 날이 들자 적성비에 다녀오지 않겠느냐고 한다. 이번 걸음에 두 번 행차하는 셈이다. 사실 오늘은 비가 오지 않으면 그와 함께 낮은 산을 골라 함께 약초를 캐러 가기로 했었다. 뜻밖에 그는 탑본(搨本)에도 일가견이 있는데 국사 선생님이 장난을 치면 산에 가서 비문을 베껴오라고 했다면서. 차를 불러 적성산성에 다시 갔다.

네 번째 국보 : 한눈에 그 산성은 마치 노아의 방주처럼 동방으로 선수(船首)를 향한 배 모양이었다. 그 산성은 언젠가 화면으로 본 만주의 고구려성을 빼닮았다. 이 성이 한강의 상하류를 굽어보며 정면으로 죽령과 마주하는 전략적 요충(길목)임을 한눈에 알 수 있다. 성을 보수한 흔적과 본래의 성은 한눈에 알아볼 수 있다. 둘레가 900m라면 거대한 규모다. 비석은 국보라는 이름이 부끄럽게 보존되고 있다. 본래 충북대학교에서 먼저 발견했다는데 원

선수를 동으로 향한 배모양의 단양의 적성산성. 여기서는 남한강이 내려다보인다.

래의 위치보다 올려 세웠고, 산성의 강 쪽은 풀에 우거져 전혀 전망이 없다. 가사(歌辭)의 고향에 있는 정자들이 글에는 '눈앞의 너른 들은…' 하면서 전망을 자랑하고 있는데 마루에 올라보면 보이는 것은 시야를 가로막은 나뭇가지뿐이다. 쓸데없는 곳은 손을 보고 색칠을 하면서 손봐야 할 웃자란 나무는 보호하는 것은 본말전도(本末顚倒)다.

국보 제189호인 비문의 내용인즉 이곳의 000처럼 신라에 잘하면 후한 대접이 있다는 것을 000, 000, 000 등 당대 실세들의 이름을 들어 보증한 것인데 이것으로 그 000은 이곳의 맹주였음을 알 수 있다. 보증인 가운데는 김유신(진천 출생)의 아버지 이름도 보인다.

단양적성비.

"이 성을 쌓은 사람들은 누구인가?"

"이곳 사람?"

"이 000은 어떻게 되었을까?"

"혹 동네사람한테 맞아죽었는지도 모르지요. 그런 이름이 이곳 후손에 없는 것을 보면."

정말 실없는 이야기를 나누며 웃었다. 요즘 부모들은 아이들을 데리고 국보순례를 즐긴다. 서울 아이들이 가끔 보이는데 중앙고속도로 단양휴게소가 바로 이 산성이어서 휴게소 뒷동산이 되었다.

장회나루의 감회 이후 단양에 와서 우화교(羽化橋)라는 지명이 머릿속에 있었는데 그 다리이야기는 비석으로 수몰기념관에 남아 있다. 퇴계의 별장이 소금산〔두악산이라고도 한다〕계곡에 있었는데 그 암벽의 탁오대〔굴원(屈原)의 어부사(漁父詞)의 일구〕라는 석각도 떼어 왔는데 그의 친필인지 의심스럽다. 우화교 비문은 흥취가 있다. 이 다리는 일제 때 한번 없어지고 새로운 시멘트 다리는 또 물속에 잠기고 지금의 다리는 산을 깎아 만든 36번 도로에 다시 놓인 것이다.

저기 하진 나루에 줄배가 있었는데 사람이 많이 타면 선장이 모두 줄을 당기라고 했다는데 한번은 줄을 놓쳐 배가 장회나루까지 떠내려가 물굽이에서 줄을 던져 간신히 살아났고 또 그 배를 끌어오느라 고생을 했는데 목선이니까 해체(解體)해서 다시 조립했다고 한다. 이럴 때 우리는 깔깔대고 웃는다. 남의 불행을 즐기는 것이 아니라 '죽을 고생을 하고.' 살아남았기 때문에.

수몰기념관은 닫혀 있었지만 유리창을 통해 경찰서 군청 농협 학교 등 수몰 전의 시가지 사진을 모두 볼 수 있었다.

오늘까지 이 구단양에 세 번이나 다녀온 것인가?

돌아와 저녁을 먹고 또 매운탕을 끓여 밤참을 하고 오늘은 네 끼를 먹었다. 하루의 비! 하루의 휴식. 이제 힘이 좀 생긴다. 지루하기 끝이 없지만 죽령을 넘는다는 것은 내게 그만한 무게였다.

〈1부 끝〉

단양 수몰이주기념관 뜰의 우화교 기사비. 영조 29년 군수
이기중이 세웠다.

2005년 11월 6일 오후 5시 6분